商务写作

[英] 约翰·西蒙斯 著
（John Simmons）

蔡影奕 译

21周年纪念版

21st
Anniversary
Edition

WE, ME, THEM & IT

How to Write Powerfully for Business

中国原子能出版社　中国科学技术出版社

·北　京·

北京市版权局著作权合同登记　图字：01-2022-2176。

图书在版编目（CIP）数据

　　商务写作：21 周年纪念版 /（英）约翰·西蒙斯
（John Simmons）著；蔡影奕译 . — 北京：中国原子能
出版社：中国科学技术出版社，2023.9
　　书名原文：We, Me, Them & It: How to Write
Powerfully for Business，21st Anniversary Edition
　　ISBN 978-7-5221-2812-2

　　Ⅰ . ①商… Ⅱ . ①约… ②蔡… Ⅲ . ①商务—应用文
—写作 Ⅳ . ① H152.3

　　中国国家版本馆 CIP 数据核字（2023）第 123047 号

策划编辑	何英娇	**执行策划**	陈　思
责任编辑	付　凯	**文字编辑**	孙倩倩
封面设计	马筱琨	**版式设计**	蚂蚁设计
责任校对	邓雪梅	**责任印制**	赵　明　李晓霖

出　　版	中国原子能出版社　中国科学技术出版社
发　　行	中国原子能出版社　中国科学技术出版社有限公司发行部
地　　址	北京市海淀区中关村南大街 16 号
邮　　编	100081
发行电话	010-62173865
传　　真	010-62173081
网　　址	http://www.cspbooks.com.cn

开　　本	880mm×1230mm　1/32
字　　数	141 千字
印　　张	7.5
版　　次	2023 年 9 月第 1 版
印　　次	2023 年 9 月第 1 次印刷
印　　刷	北京华联印刷有限公司
书　　号	ISBN 978-7-5221-2812-2
定　　价	69.00 元

（凡购买本社图书，如有缺页、倒页、脱页者，本社发行部负责调换）

　　我一直相信，有些书产生的影响足以改变人的一生。伟大的作者可以激发、培育和创造变革。我是一个嗜书如命的人，多年来，我读过的小说和非小说类的书虽不敢说多，但绝对不少。在这些书中，只有极少数对我的思维方式或工作方式造成了巨大的影响。毫无疑问，本书属于其中之一。

　　我的职业生涯是以在宝洁公司和可口可乐公司接受经典品牌管理培训作为开端的。在那里，我学到了一些关于品牌、营销和商业的知识，包括怎样与客户沟通以及怎样与企业内部员工沟通。人们将"沟通"这件事从里到外都研究透了——但很少特别关注过语言的力量。

　　随后我加入了英特品牌（Interbrand），

这家全球品牌顾问机构在促进企业对品牌的理解方面做了很多工作。鼎鼎有名的约翰·西蒙斯也一度就职于此，他负责一个我并不了解却很感兴趣的板块。他称为"语言识别"（verbal identity）：一种展示品牌的视觉元素和语言元素之间自然平等关系的方式。视觉元素——标志、颜色、图像、排版——往往很容易被注意到。但是，如果不使用文字，品牌该如何达成与外界的沟通呢？这是一个需要得到解决却总被很多品牌咨询公司选择性忽略的问题。

本书就像是约翰发起的一个宣告。它用词优雅，同时又用一种让人读之愉悦的方式地给出了答案。通过读这本书，我理解到商业世界里文字的力量和潜能。

毫无疑问，品牌会用到文字，因为没有文字就很难达成沟通——但怎样才能把文字用得恰到好处，这里面有大学问。用好就意味着，你用的语言成了品牌本身的一部分，它不可或缺。而且，从我个人的角度看，这个观点改变了我的思维方式。

我对商务写作的看法是被约翰和这本书改变的。如今，它仍然在激励和鼓舞人心——不仅作用于这一代的营销新手，还作用于身经百战的老手。这本书告诉人们：营销世界存在着亘古不变的真理。

例如，约翰坚信营销是一门富有创造性的学科。当陷入固有品牌模型的舒适区时，我们往往变得只关注各式各样的图像，而忽略了其他。别忘记，我们需要文字。不是随便几句话，而是能让我们对品牌产生深层次理解的表达。

对一些人来说，这本书有些想法仍过于前卫，其中包括编写文字和创造故事，借用诗歌的技巧，挖掘人最真的内心感受，不满足于已有的表达方式等。关键是，创新是有一定的好处的。约翰在这本书的第一版中就给出了证明：他从自己的经历中选了一些案例呈现，当时的那些想法对今天的读者仍大有裨益。

多年来，约翰亲自启发了许多人。而这本书的美妙之处在于，它可以接触到更多的读者，帮大家更快地理解然后将约翰提供的建议付诸行动。

这本书为无数从事品牌业务的人带来启发，其中自然包括所谓语言品牌和语气管理的相关从业者。它还影响到了更多在商界中打拼的人（不仅是与市场营销相关的人）。改变，从这里开始。

本书至今仍是我所遇到的最好的商务写作指导书。我乐见于在它首次出版 21 年后推出这个特别版本。自发布以来，这本书已被多次再版，可见其蕴含内容之珍贵，生命力之旺盛。

多年过去，这本书仍然能激发出营销和品牌界从业者的新思想。如果你是第一次读这本书，我想它会成为你、你的团队和你的品牌创新表达方式的重要参考来源。希望你能像我一样喜欢它。

苏菲·迪凡希尔（Sophie Devonshire）

营销协会（The Marketing Society）全球首席执行官

本书基于对"识别"（identity）［后来被"品牌"（branding）一词取代］这一概念的思考而诞生。识别中包含企业识别（corporate identity）（最初的定义）、视觉识别（visual identity）（理解发生变化）、语言识别（由我推动发展）。它将人和企业运作带入创造性设计的领域，甚至涉及心理学范畴。识别是个有趣的领域，可它似乎忽略了文字中蕴含的力量。

业界对文字的忽略一直折磨着我，直到我在千禧年①之际写下《商务写作》的第一版，才感觉有所纾解。"文字是你的孩子"是我写进书中的一句话。现在看来，我的文

---

① 指 2000 年。——编者注

字都已经"长大"了，也许正打算回来纠缠我。从一个好的出发点看，也许它们是想来提醒我，我可能已经变了。

读年轻时的自己写的东西，感觉真奇怪。我还曾在第一版的自序里预想过这种感觉。"文字一旦呈现，就有了自己的生命。"事实证明这句话所言非虚。文字不断将我引领到更远的地方——在孟菲斯与联邦快递（FedEx）的团队成员沟通，去苏黎世协助瑞士电影中心（Swiss Films）做品牌推广，在新西兰开办一系列"黑暗天使"（Dark Angels）研讨会。

这本书里的词句在某种意义上也促成了"黑暗天使"的诞生。在动笔之前，我没有想到自己会把这么多的时间和热情用在让别人能更有效地写作这件事情上。现在回头就看得很清楚了——嘿，还真是美妙——从《商务写作》第一版到"黑暗天使"是再必然不过的，毕竟后者是一个鼓励"商务创意写作"的组织。

两位同事杰米·乔安西（Jamie Jauncey）和斯图尔特·德尔夫斯（Stuart Delves）与我通力合作组建了"黑暗天使"，目标是为在商务写作中苦苦挣扎的人插上写作的翅膀。我们引领着他们——在身体上和心理上——想象着去遥远而有趣的地方，例如进入他们头脑中的世界，去苏格兰高地，到安达卢西亚的庄园以及格但斯克的乡间别墅。

通过让参与者进行创造性练习，"黑暗天使"将他们从无比压抑的想法——"他们绝不会允许我这么写的"——中解脱出来。作家们——他们现在比较愿意这样自称了——发现可以用一种远比自己和公司的设想中更富想象力、更自由的方式写作,并且能信心满满地坚持用这样的方式看世界。

"黑暗天使"成长了,但从没一心只奔着成为全球性的大公司去(先不说能不能做到)。参与者们的信任和推荐、口口相传的评价、对更人性化的写作原则的坚持,在这一切的滋养下,"黑暗天使"得以壮大。其他合作伙伴——他们都曾是"黑暗天使"课程的参与者——则扩充了我们的导师阵营。但是,尽管有着国际影响力,我们还是希望能维持现在这样"朋友和文字同好者小团体"的状态。

当已是"黑暗天使"管理合伙人的尼尔·贝克(Neil Baker)将《商务写作》第一版定义为"'黑暗天使'宗旨的立足之范本"时,我大受震撼。扪心自问,我创造的究竟是一个学术课题,还是一个神秘的异教团体?谢天谢地,两者都不是,因为"黑暗天使"一直从其参与者的实际需要——那就是写作——出发,写得好,写得开心,写得更好,这样他们才能更好地完成自己的工作。

同时,21 世纪的前 20 年里发生的一系列事情也让文字在商业中的使用环境发生了变化。尤其是社交媒体全面侵入人们的生活后,交流的边界就时不时地被试探、突破,交流的风格也无可避免地朝着非正式的方向发展。那么，我们如何才能让文字保持人性温暖和文明光辉——也正是这本书的价值观——又不失去其有效性呢？

最后，一切都归结为故事。当我写《商务写作》第一版时，"故事"一词在商业环境中出现的情况还并不多见。而如今，它已经成为企业日常用语的一部分。他们编写文字和创造故事，而最好的故事往往是真实的，并能让品牌熠熠生辉——故事能感染人，进而让人对这个企业存在的意义产生更深刻的理解。这就回到了最初的起点——去识别，去回答那些有助于讲好故事的、简单却有力的问题：你是谁？你来自哪里？你是做什么的？你是怎么做的？为什么？

约翰·西蒙斯

文字不该被曲解和诬赖。它们代表着、描述着也表达着一切；它们是那么无辜、中立且精确。也正因如此，如果好好使用它们，你就能架起沟通的桥梁，跨越混乱与不解。

——汤姆·斯托帕德（Tom Stoppard）
《真实》（*The Real Thing*）

这本书到底在讲什么？

就知道你会问这个。我来试着回答这个问题。

我先说说它"不是"什么。它不是一本管理书——当然，我相信有效管理和有效写作之间有着密不可分的关系。但这不是一本讨论"如何成为一个更好的管理者"的书。

好啦，话说到这，漂亮的销售额跟这本书多半已无缘分，我甚至能听到世界各地的机场里那些争分夺秒追求成功的人将这本书"啪嗒"合上的声音。但话说回来，谁说它非得在机场书店里争得一席之地呢？图书须找到与它们合拍的读者，文字须找到能接受它们的读者，你仔细想一想，就会发现这整个过程掺杂着一种奇妙的偶然：文字被书写，被全然陌生的人阅读，却使其神交如故人。

我好像发现了什么，它也许与这本书的主题很接近。

文字于我们的脑海中浮现，再被我们写在纸上。但要知道，在落笔成文的瞬间，它们就有了自己的生命。作者看了看它们，基于种种考虑和在其他因素的影响下开始动笔修改。一旦问世，我的文字便被赋予了不同的理解。我的那些想法，甚至是我设想的解释语的含义，与你现在阅读这些字时理解的意思都不尽相同。你会加入自己的理解，包括那些将你我区别开的想法和经历，也会在你对书的理解上得以体现。

但这些都没问题。毕竟我不是个控制狂。作者需要的是读者，而不是思维完全一致的人。

到这里，我们总算弄清楚：文字是有生命的。作为人类，我们知道，我们应该关心其他生命体。但大多数时候，我们并不关心。我们置若罔闻，让它们忍饥挨饿；当它们在试图引起我们的注意时，我们却全然无视，甚至将它们踩在脚下。我们拉上窗帘，这样就不用看到它们了。如果我们觉得它们产生了威胁，那就"砰"的一声狠狠将门甩在它们脸上。

如果无法跨出自己的边界，你就无法成为一名合格的作家。

在和平谈判的时候——中东、巴尔干、爱尔兰……无论在何地——有一句话一直在我耳畔响起："人得学会设身处地为他人着想。"遗憾的是这句话沦为了陈词滥调，让我忍不住怀疑，这句话对它本该影响的那群人来说可能根本没有意义。

每个人都有自己的个性，正是个性决定了我们的行为方式和用词偏好。

沟通时的滔滔不绝、尖酸刻薄、焦虑不安或者咄咄逼人，都展示出人们的个性。作者不同，风格就不同，这不言自明，我们也都习以为常。事实上，人们常常通过一个作家是否拥有独树一帜、易于辨认的风格来评断其是否伟大，我们甚至会将他们当成形容词来使用。例如，狄更斯式（Dickensian）、乔伊斯式（Joycean）。但话说回来，所谓"风格独特"，其核心究竟是什么？真的仅是作者本人个性的纯粹表达吗？

写作是一种交流，绝非独白。

　　我始终坚信，每个人都会不自觉地将个性融于写作。啊，说这句话的时候，我并没有说这仅限于虚构小说类作品的创作。我研究的是商务写作，对完成这份工作来说，写作是不可或缺（有些人或许会用"避无可避"）的一部分。自然，我希望做到的是说服你——如果你还在犹疑或摇摆——认可这样一件事：写作应当是主动的、积极的、生机勃勃的，而不是消极的、被迫的、硬着头皮完成的。原因也很简单：文字也是有生命的。

　　语言体现着人们独特的个性，这正是作者们"自有语调"的核心——也就是"我"。可同时，语言也会受到"我"以外的"他们"的影响。在工作场合中创作的文字不仅受到作者的影响，还受到作者所在公司的影响；朋友和同事们也会施加无形的压力——因为公司是由公司所有人构成的，而作者，从某种意义上说，在代表公司全体同仁创作。不仅如此，作品的受众也会影响作品的创作，因为你知道他们读后必定会产生自己的理解，这样的认知会让你变得开始字斟句酌。最后，"它"自己——你要说或写下来的内容——也会塑造作品最后呈现的样子。简言之，信息的内容影响着信息的传达方式。

用一张图来表示就是：

让我们先专注于如何成为一个合格的"工作写手"。你的任务就是把它写好：它可能是一封给客户的信；一份年报；一篇公司机构调整的备忘录；一封在面试后你决定将对方纳入麾下的录取函；一个能为你的公司带来大笔收益的营销方案……它可能是任何你能想到的内容。"要传达的信息"毫无疑问是你需要考虑的重中之重，毕竟人家花钱请你来，就是干这件事的。

但你绝不能只考虑信息本身。你必须想清楚：你在为谁写？你要写给谁看？

你是公司的一分子，而公司均有自己的品牌识别（不论公司是否意识到它的存在）——它由公司员工的共同价值观塑造而成。每一天，外界都在依据公司员工的行为表现形成对公司的印象；这印象可能好也可能不好。很显然，那些成功的公司总会确保外界对自己的好印象远多于坏印象；品牌形象也是这样搭建和维系出来的。识别这一概念与品牌的概念密切相关，也是本书讨论的核心。

公司的品牌是一种承诺。它在说：这就是我们，这就是我们想成为的模样，而且（如果你愿意）你也可以和我们并肩前行。因此，当写作成为你工作的一部分时，你就是在代表品牌写作——所以你需要清楚地知道这个品牌代表着什么。同时，你也在为那些将你视为品牌代言人的受众写作。除你之外，你的同事中也有人在为品牌写作，但你们是否做到了口径一致——还是说你们实际上勾画的是不同的事情？

当然了，完全泯灭个人色彩、绝对统一话术或者把自己
变成机器人进行对外沟通是万万不能的。

　　沟通的对象不同，你的遣词造句、表达方式自然也会随
之变化。你努力的目标是：在行为价值观保持一致的前提
下，你能够恰如其分地调整措辞，改变语气，以满足客户
的真正需求。一个小窍门——以一个具体的人作为写作对象
（即使实际上你的读者是一群人）来考虑如何下笔，会有不错
的效果。

　　运用这个窍门的关键在于以那个人为中心思考的同时，
也想想你自己。也就是说，对待自己的工作、写作，都要多投
入自我。你有权利说"我就是我"——为什么不？你当然可以
这么说，毕竟你就是因此争取到这个工作的呀。

释放你的本真吧。在工作中投入多一点真情实感。这不仅
能让你完成工作时更得心应手，对你个人更是大有裨益。

　　本书由四个主要章节构成。

　　第 1 章讨论"我们"。对此的思考起始于多年前的一次

发言。我当时受邀给 W. H. 史密斯公司（W. H. Smith）的经理们做一个关于"品牌沟通中的语言使用"的交流。彼时，W.H. 史密斯公司内部并不清楚"我们"是谁：我们有自己的品牌吗？如果有，它代表、展示的是什么？我们都是品牌的一部分吗？问题越提越多，但与此同时，W.H. 史密斯公司的人对自家品牌的认知也在不断加深、完善和丰满。在这个过程中他们做到了两件事：一是认真咀嚼使用的一言一语，二是正视语言对于塑造概念以及将概念雕琢成现实的重要能力。

第 2 章讨论"我"。我并不是要像写自传一般把自己挖得一清二楚，但确实需要借一点写自传时探知真我的劲头。原因也很简单，每个人都是独立个体，需要自我表达，也需要价值实现——为了物质获取，也为精神满足——在个人兴趣的驱使下完成工作，勇敢地将你的热情挥洒出来，这样，你才能活出真我。

第 3 章讨论"他们"。他们指的是我们在商务写作时审慎考虑的对象；无论公司还是个人，他们都是我们的读者。在这一章，我将从自己与各行各业客户的合作经历中挑选出一系列典型案例分析和项目内容节选供你品读。这些公司的目标都很明确：我们要如何才能跟顾客达到更有质量的沟通——毕竟客户是公司发展壮大的依凭。

第 4 章讨论"它"。"它"把语言和识别结合在一起。"它"

是关于借助文字的力量，让你的公司能找到属于自己的独特内容和风格，进而发挥自己的潜能。

至此，你的疑问是否已被解答？是也好，暂且不是也罢，我都诚挚邀请你继续读下去。

目录

第 1 章

我们——为谁写

这就像是混合词——把两个意思混合起来造出一个
新词。

——刘易斯·卡罗尔（Lewis Carroll）

《爱丽丝镜中奇遇记》（*Through the Looking-Glass*）

1

开篇

    我想先从企业的角度来聊一聊。具体来说，我指的是为公司或组织写作，以建立或加强某个品牌的印象，以及提升人们识别这个组织的能力。作家是独立个人，公司的宣传文字是集体意志的结晶，正是"我们"组成了公司。某种意义上说，这里或许存在着一种有些紧张的关系，但我们也可以把它当成一个值得努力解决的挑战——这也正是我们每天在工作中创作时完成的事。

    对一个作家来说，最大的问题或许是不知如何开头。无字白纸和空白屏幕带来的恐惧感，我们都有所体会。而克服这个问题的方法之一，是在你的脑海组织一场关于该主题的对话。对话多半不会让你觉得太正式，且往往能蹦出某些关键短语，为你提供一个好的切入点。

    你还可以——顺手的事——在笔记本上写写画画。无论是脑中闪现的点子，还是碰巧看到还挺喜欢的短语，什么都行。就像不久前我写下了在报纸上看到的这句话——

关于言辞的麻烦就
是，你永远不知道
它们曾出于谁口。

这句话我非常喜欢，因为它以一种诙谐的方式讲述了一个真理：在词语的使用上我们都非常"环保"——总是回收、再利用。诀窍不在于找到更多的新词语，而是在旧词语身上挖掘新的使用方法。

当我第一次尝试这么干的时候，上面那句话就应验了。我确实不记得到底谁说过这句话，而我又真的很想知道这句如今也被我用了的话，曾经被谁使用过。几天过去，我的心还在牵挂着这个问题。随后，某个星期日的晚上，电视主持人说了这么句话，我突然想起——

观众们请注意，下一个节目
可能包含限制级用语。

下一个节目是丹尼斯·波特（Dennis Potter）的《衣领上的唇印》（*Lipstick on Your Collar*）。本章标题的灵感正是从他那里来的，以此为基础，我又把这一切发展为贯穿全书的主题。关于之前讨论的"出处问题"，我能追溯到最早的源头是对丹尼斯·波特的一次采访。

但是，稍等片刻，让我们再分析分析主持人的那句话。它的意思是，一些观众也许会感觉自己被脏话冒犯。可"脏话"很笼统，它并没有具体的指向。在这种情况下，观众们或许需要得到的是一个更明确具体的警告。

文字的麻烦在于它们并非永远精准。

如果我在自言自语，那就算我并不明白自己在说什么，这事其实也不太要紧。但如果我想交流——把我脑袋里的想法传达给另一个人——那语言的不精准就会成为大麻烦。

不过，对我们所有人来说，明白"语言不一定能准确传递我们想表达的意思"算是一个不错的开始。也正因此，我才对钻研"如何通过笔头信息和视觉信息的结合来加强表意"这件事兴致勃勃。然而，可惜的是，在商业尤其是"品牌咨询"领域，人们要么将文字和图片切割，专注于视觉识别；要么将文字当成纯粹的工具——服务和配合图片呈现的工具，而不是构成图片的一部分。

> 如果我们举办一次公司全员都参加的写作比赛，最高分得主应该会是 14 位董事们。
>
> 在奥美公司（*Ogilvy & Mather*），你写得越好，就爬得越高。你越会想，就越会写。

几年前，我看到这样的宣言，真不知道是该哭还是该笑。因为从记事起，我就一直在利用写作梳理思路，为了让其他人理解，我也说过"你越会想，就越会写"这句话。但你看，这句话，大卫·奥格威（David Ogilvy）的书里有关这句话的另一个版本已经问世，充分证明文字的麻烦——你永远不知道说过的人都有谁；我算是被这句话给好好上了一课。

不过，就这个例子来说，我倒是一点也不介意。毕竟大卫·奥格威，作为一个商业作家，是 20 世纪著名的作家之一。

大卫·奥格威是推销员起家。他为上门销售从业者们写了一本关于"如何推销 AGA 灶具"（Selling the AGA Cooker）的指南。这本指南的开头是——

在英国，有 1200 万户家庭。其中的 100 万户拥有汽车。但只有 1 万户购买了 AGA 灶具。而能够买得起汽车的家庭都不能没有 AGA 灶具。

指南以此开篇，还在这个话题上继续聊了几页。漂亮！这个构思也揭示了写作中一个相当重要的观点——好的写作总会与销售挂钩。这对我来说是一条无可撼动的原则。

我曾经办讲座教人如何写出更优秀的提案和商业报告，如何为图书撰写更精准的腰封推荐语，以及如何创作更情真意切的作品。无论是哪种情况，作家都在试图说服读者"购买"。当然，我们讨论的不仅是金钱交换这一种方式。说回来，除了文章，这些原则同样适用于诗歌或小说创作。最重要的是，买方和卖方、读者和作家之间，需要建立一种联系。不联系，无买卖。按你的喜好，你当然也能称其为宣传或者力荐，但只要内核是作者试图劝说、说服和把人争取到他们这边，那就是销售。

你不会百发百中。我将在本书中引用一些美国的例子来说明，但美国纽约市前市长艾德·科克（Ed Koch）的这句话可能是我唯一认同的。

如果在 12 个议题中，你与我有 9 个立场一致，那么请投我一票；如果你与我 12 个立场都完全一致，那就去找位心理医生聊聊吧。

销售也好，写作也好，它们的首要原则或许都是开始就要抓住人们的注意力。这也是我长期以来一直非常喜欢的写作技巧。

举个例子，我们为出版公司谢拉特和休斯公司（Sherratt & Hughes）设计了一系列以小说开场白为元素的包装袋［谢拉特和休斯公司后来并入了水石书店（Waterstone's），这个设计被保留下来，成为水石书店企业识别的一个核心部分］。在为袋子选择台词时，我实际上是在展示我最喜欢的三句话。我选择的三位作者分别是莱斯利·哈特利（Leslie Hartley）、简·奥斯汀（Jane Austen）和约瑟夫·海勒（Joseph Heller）。以下三句话为全书定调，并且开始为作家和读者之间建立必要联系。它宣告的是：关系不仅是关于"我"的，还是关于"我们"的——这种沟通总是需要两个人的。

过去是异国他乡：他们在那里做事不同。	有钱的单身汉总要娶位太太，这是一条举世公认的真理。	那真是一见钟情。约塞连第一眼见到随军牧师，便发狂般地爱上了他。
——莱斯利·哈特利《送信人》（The Go-Between）	——简·奥斯汀《傲慢与偏见》（Pride and Prejudice）	——约瑟夫·海勒《第二十二条军规》（Catch-22）

正如剧作家基斯·沃特豪斯（Keith Waterhouse）在他的书中指出的那样，语气是重中之重。这本书是基于《每日镜报》（Daily Mirror）在雇用记者时参考内部风格手册撰写而成的。将下面这段话中的"《每日镜报》"替换为你公司的名字，其道理仍然适用。

……这一切重要吗？当然重要。出现在《每日镜报》上的每一个字，从闪亮吸睛的标题到问答游戏中最不起眼的线索，它们都有共同的署名——《每日镜报》。《每日镜报》的一音一调都展示着它对读者的看法。从尊重（《每日镜报》最好的时候）到明显的蔑视（《每日镜报》最差的时候）。

让我们把目光再调回到开场白上一会儿，因为它们能给我们带来的启发性见解实在太多了。以下这句话出自《白鲸记》（Moby Dick）一书。

叫我伊什梅尔。

你会立即被这种有些吓人的方式吸引。你想逃但逃无可逃。你面对的是一个真实的人。加西亚·马尔克斯（García Márquez）在《霍乱时期的爱情》（Love in the Time of Cholera）

中写道。

> 不可避免，
> 苦杏仁的气味总是让他想起
> 爱情受阻后的命运。

加西亚·马尔克斯用一种更加巧妙委婉的方式在第一时间确立了小说"遗憾"的基调，并通过关键词——不可避免、苦涩、宿命、没有回报的爱情——开宗明义、揭示主题。

另一个例子是诗人约翰·多恩（John Donne）的开场白。

> 最甜蜜的爱，我不走，
> 因我倦怠了你。

> 千万噤声别说话，
> 且让我爱。

> 忙碌的老傻瓜，没规矩的阳光，
> 你为何要如此，
> 透过窗户、帘栊把我们窥视？

虽然是写于 400 年前的作品，而且是诗句，但其中轻松的对话口吻能立即引起读者的兴趣，并建立作者和读者之间（或许用讲者和听众之间的关系来描述会更准确）的重要联系。注意，用问句吸引读者也是一种有用的技巧，值得记下来。

通过分析文学作品的营销方式可以发现另一件重要的事：我们会不断地重新分析伟大的作品，观点推陈出新。每个时代都会根据不断变化的历史、品位和彼时的当务之急来重新解读一本书。这也是好书经得起一读再读的原因。正如我们在为水石书店设计的海报上引用的埃兹拉·庞德（Ezra Pound）的话——"文学是永不过时的新闻"。

举个例子，让我们看看企鹅兰登书屋经典作品——约瑟夫·康拉德（Joseph Conrad）的《诺斯特罗莫》（*Nostromo*）的两个版本。

1967 年，人们对南美洲印象较深的是其宏伟景观。革命（或革命这个概念）是令人兴奋的，而对人，即对"人们"（尽管毫无疑问是指独立个体）的看法则是基于社会背景得到的理解。

下面两张图分别是 1967 年和 1990 年版本的封面和简介。

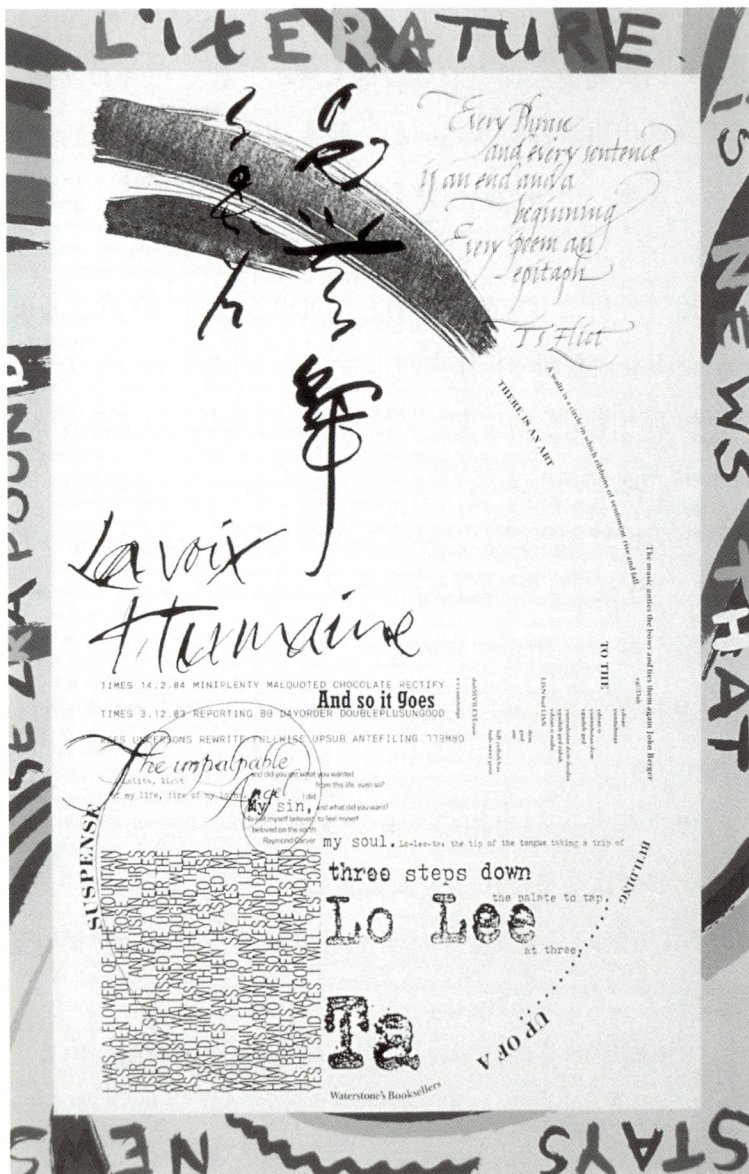

以南美洲的宏伟景观为背景，在激动人心的革命事件中，康拉德讽刺地揭露了人并非作为孤立的生命体，而是社会性动物的一面。

小说通过勾画每个人物善的潜力最终都以腐败或惨败为结局，彰显南美洲政治的悲剧性和残酷的本质。

到了 1990 年，人们对南美洲的看法已不再那么浪漫。政治——与腐败密切相关——可以击溃任何个人并且磨灭他们善的潜能。

如果我们的目光在康拉德身上停留得稍久一些，就能看到，他在 19 世纪末 20 世纪初写下了《黑暗之心》（*Heart of Darkness*），以一种在欧洲"前无古人"的方式对非洲的殖民历程提出疑问。

到 20 世纪 70 年代，弗朗西斯·福特·科波拉（Francis Ford Coppola）以《黑暗之心》为灵感拍摄了一部电影《现代启示录》（*Apocalypse Now*）。也就是说，每个时代的语言都反映着时代的经验，而每个时代也都用自己的语言重新评估着自己的经验。无论什么类型的创作，你都需要将背景情况纳入考虑范围。

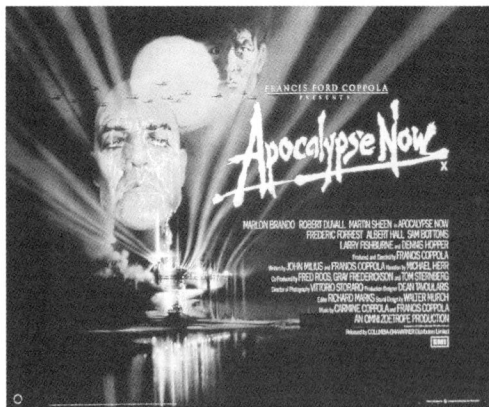

2

中篇

确立了文字创作的背景之后，我们再来看看与语言有关的一些具体要点。

没有"语言的正确用法"这回事。词语的含义太丰富，要完成的任务也太多，我们没机会说出："啊，这就是唯一匹配的那个词"这种话。当然，我们的目标始终是为文字赋予尽可能多的意义。文字，无论我们是否刻意为之，总是在试图挣脱意义的枷锁。

在我看来，一种语言不仅能输出、充盈其他的语言，也会输入、丰富自身。

正是这种可以称作是文字贸易的现象增加了语言的丰富性和多样性。文字有时风光如大使，有时落魄如流民，而且常常能在原生环境之外的地方找到更适宜自己的沃土。

例如，一个印地语单词"bungalow"（平房），就能神奇地让人联想起一种英语国家常见的生活方式。

"Laissez-faire"（放任自流）原是一个法语短语，在英语中没有对应的词，所以我们直接保留了它，就像法国人也舶来了"Le Parking"（停车场）和"Le Weekend"（周末）一样。但是，从另一个方面说，如果你拿现在的英语和17世纪的英语相比，变化的剧烈程度恐怕比与同时期的法语相比较得出的结果要大得多。英语是一种持续快速演变的语言，它也因此变得更加含义丰富、生机勃勃。

英语也是一种具有不一致性和无限可能的语言，尤其在拼写方面。英语拼写的非逻辑性是语言的实验性和语言发明的另一个标志。即使早已习惯这种情形，但当看到拼写是如何误导发音时，我们还是会感到震惊。不过人们也想出了别的办法。

例如，我们知道"tho"是"though"的缩写，也理解"Drive-thru"[①]的概念。我们很可能在脑海中有一种感觉："plow"是一种更古老（或可能是美式）的拼写变体。提到"rough"，我翻开电话簿，发现一家名为"Ruff 'n' Tumble"的公司，原来是一家日间托儿所。萧伯纳在英语拼写改革中使用"ghoti"[②]作

---

① "Drive-thru"（得来速），顾客将车辆驶入，但仍然留在车内而无须下车，透过麦克风或借由一扇窗户直接面对服务人员点餐及提出服务需求。——译者注

② 一个被编造出来的词，同 fish 的发音，以表现英语语音与拼写不一致。——译者注

为他参与改革活动的一部分。到如今这仍然是个有趣的笑话。

Though（尽管）   Tho（"尽管"的缩写）

Through（通过）   Drive-thru［驾驶–通过（得来速）］

Plough（犁）   Plow（"犁"的缩写）

Rough（粗糙的）   Ruff 'n' Tumble

（孩子间的小打斗，混战）

　　拼写的不唯一性就意味着创造新语言形式的可能。说到这里，就不得不提到典型代表——美国。

Dancin' broccoli heads（跳舞菜花头）

Ezi-cough（Ezi 止咳糖浆）

Shurfine（零食供应商）

Shoprite（绍普莱特）

Nuway（快餐品牌）

　　上述的品牌名称之所以能被发明出来，其实是与美国的销售和营销方式密切相关的。

　　可口可乐可能是世界上的所有语言中识别度最高的词，但《牛津英语词典》（*Oxford English Dictionary*）宁愿假装它不存在。

当然，这样造出的词英国也有很多。

Kwik Save（英国连锁便利店）

Supawash（洗车服务）

Kar Rite（汽车和自动窗膜相关企业）

Xpert Engineering（工程顾问）

Xtra Hair（美发沙龙）

在不列颠范围内，尤其是英格兰，人们对这种类型的品牌名好像总有点看不上。如果名字出现拼写错误，它就很难成为一个代表着高档或优异品质的品牌。对英国人来说，也很失礼。此外，这种名字还意味着廉价、不够精致、服务水平一般。

英语还有另一个用法：它也许是英国作为一个国家最好的资产，但它也是其他贸易国家的共有资产。英语仍然是最大的无形出口产品。在商业往来和知识交流的领域，英语是当前最为国际化的语言，是进口壁垒，内置出口优势。

我们当然不能因此自满。当索尼公司（Sony）发布随身听（Walkman）产品时，他们的英语营销专家告诉他们，"Walkman"这个名字是行不通的。人们会看不懂。他们给出的建议是"Soundaround"。还好索尼忽略了这一建议，于是便有了沿用至今的"随身听"。

认真听，这是我能给出的最好建议。当你写作时，当你使用英语时，要么大声说出口，要么在你的头脑中想一遍。这种简单的做法能帮你规避大多数写作时可能会踩的坑——其实也就是糟糕的思维方式。

对于 PC3（写作），首先根据 NC 文本级别和 TA 级别（在 AT4/5 的情况下）检查各个级别的成分。如果 AT4/5（陈述）中的 AT 是第 7 级，AT3（写作）的 NC 测试级别是第 8 级，那么 PC 级别就是 AT3 的 NC 测试级别。

但是，如果 AT4/5 中的 AT 不是 7 级，而是高于 4 级，那么 PC 级别的计算方法如下：AT3 NC 测试水平乘以 8，加上 AT4 AT 水平乘以 2，再除以 10。

上述例子源于英国教育部，它试图让英语教师去测试 14 岁儿童的英语能力。读读上面的要求，真的很难不让人对那些抵制测试的英语教师们致以慰问与支持。

如果一个公务员（现在再看，这个职位是不是微妙了起来）把上面这些内容读给另一个人听，我不相信它们还能被打印传播。文字是美的，我们不应该为争取这种美而感到羞耻。

老布什担任美国总统时，他有他自己的发言风格。比如：

> 我对美国人民有信心。我相信他们能分清什么是公平的，什么是不公平的，什么是丑陋的，什么是美好的。

我注意到，1992年的总统选举，克林顿的团队里有3个职位相当的成员，一个负责战略，一个负责沟通，还有一个［大卫·库斯内特（David Kusnet）］负责语言。我想，选举的结果在一定程度上当属语言的胜利。

正所谓词轻意重，语言被赋予了一种超越其规模的力量。让我们举一个最典型的例子，这个词是——大。

大卫·库斯内特写道：

> 美国人民的敌人永远是大，"大资金、大企业和大政府都是民粹主义政治家们的替罪羊"。加利福尼亚州环保公投案"大绿"（Big Green）证明了这一点。正如一些评论家所观察到的，输票"不在于它绿，而在于它大"。

我怀疑现在仍有人觉得绿色这个词带着些愤世嫉俗的意味。不管作为一个词还是一个概念，它都太容易被滥用。

2000年的一次竞选初选中，小布什获得了胜利，这也算是微妙地印证了他父亲的这句话："赢得很大，也赢得很丑。"
这个评价背后多少隐藏着一丝丝对这种巨大成功的尊重。然
而，你不得不说，这个儿子有很多他父亲的措辞习惯。在竞选
期间他曾说过如下言论：

> 以前，这里是一个危险的世界，我们能清楚地知道敌手
> 是谁。这是我们与他们之间的较量，一清二楚。今天，我们不
> 太能确认他们是谁了，但我们知道他们就在那里。

文字的麻烦在于，它们有自己的生命。

美国和英国之间存在着文化差异。我认为英国对"大"
这个问题没有那么敏感，也许詹姆斯·史都华（James Stewart）
去华盛顿的这个场景对英国公众来说也没那么神奇。

接着，大卫·库斯内特基于观察提出了一个观点，我们
可以将之应用于任何国家的沟通风格上。它当然不仅局限于政
治，也不仅局限于英语语言。

这个观点是关于 1988 年美国大选的，老布什在一次演讲
稿中谈到了他的向往——

一个更友善、更温柔的美国。

这都是你描述一个真实的人时会用的词。这就是文字的力量，也是让它们鲜活起来的原因。

他们选词精准，在每个听众心里都设置了一个形象，这个形象能根据听众的个人经历进行相应的个性化调整。相比之下，在描述同样的内容时，迈克尔·杜卡基斯（Michael Dukakis）选择的用词是"一个更加体面、富有同情心的社会"。这句话听起来是带着善意的，但充满了官僚主义气息。

我鼓励大家对自己的公司进行这样的分析。到目前为止，我几乎没有提到什么企业或公司，这是故意的。生动让我感到兴奋，而千篇一律则让我觉得压抑。我很排斥公司把语言中的生命力挤压出去的行为。例如，有一种与"人力资源"相关的话语体系，它毫无人情味道，可人性正是该体系运转的核心。"人力资源"也是这种思路指引下的产物。

一个更友善、更温柔的福特汽车公司。
一个更友善、更温柔的邮局。
一个更友善、更温柔的国际商业机器公司（IBM）。

以此类推……

言语能表达感动、给出解释、造成惊吓、引起兴奋、进行劝说、阐述思想……以及更多。

这些话是我用来抒发我的个人信念的。我喜欢写作，我希望其他人也能喜欢写作。如果你学会了热爱文字，那你自然而然会学到如何写得更好。

3

结尾

在本章的最后一节，我将重点聚焦于语言的使用和公司或品牌的识别。

让我用一个例子开始，说明语言在公司识别中的情感力量：纽约的美国邮政大楼（the United States Post Office Building）上印刻着一句话：

不论雨雪、炎热抑或夜的幽暗，

都无法阻止这些信差，

迅速完成他们接收到的任务。

新眼看旧文，这句话里好像有些东西让我们觉得古板和陈旧。它老气到似乎需要《欢乐酒店》（Cheers）里那个穿白袜子的邮递员克里夫·克莱文（Cliff Claven）挺身肃立，摸着心脏宣读，那味道才正。但尽管如此，在我看来，它是关于公共职责价值的一份美丽、响亮且独特的声明。我反对任何愤世嫉俗的观点——这个声明仍是对公共服务的一个美好愿景，是表达和引发自豪感的声明。这句话意味着"为组织效力是我们共同的事业"。

很多组织都试图通过使用拉丁语格言来达到类似的效果。其中大多数都保留着传统的内核，也因此被人接受与沿用。

> 穿过逆境，走向星空。
>
> 胜利源于和谐。
>
> 只有最好，才是最好。

然而，我却怀疑，我们是否真的会对一个试图通过使用拉丁文格言贩卖并不存在的传统的新公司产生强烈认同。我们可能，往好了说，认为它是一个"新贵"企业；往坏了说，就会考虑这家公司是不是有问题。

不过，有时你也能扭转预期。卢米诺（Lumino）是一家公司的新名称和身份识别，该公司以前叫 HWS Contracts。HWS是时任老板名字的首字母。他的儿子们继承家业后，发展计划是向建筑师们兜售精致的意大利灯具，而不是安装环形电路。很显然，继续使用旧名字是没办法完成他们的计划的。

卢米诺这个名字听起来就像是一家意大利照明供应商。但这是一个被造出来的名字，借用了拉丁语中的光——"Lumen"。既然我们都扯这么远了，那再往远走一步又何妨？卢米诺——就像我的故事里说的那样——是个俊美青年的名字。他是古典神话中的月亮女神塞勒涅（Selene）的心上人。可不幸的是，这是场单相思；卢米诺一次又一次地拒绝了女神的求爱，他宁愿在奥林匹斯山下夜间放羊。最后，塞勒涅再也无法忍受他更多的拒绝——她一怒之下，用一束神光将卢米诺击毙。但神光一现，她立刻就后悔了。塞勒涅向宙斯乞求帮助，宙斯也被她的故事打动；他把卢米诺变成了夜空中最亮的星星之一，至此，卢米诺不死不朽，永恒闪耀。

当然，这是个完全由人编造的故事，但它让设计和建筑媒体都大呼过瘾，纷纷买账。作为一家公司，卢米诺也实现了最理想的营销启动。

还有些公司会故意使用一种有倾向性的语言风格。在我看来，这种风格正是其营销立场，而这种立场也影响着公司的各个方面。它设定出一种需要相应视觉风格进行匹配的语言风格，并以此呼唤客户的社会良知。再强调一遍，语气的运用让身份树立与识别变得容易。

当然，有些时候，你做的事就是给老黄瓜刷绿漆，让那些陈词滥调看上去也能有些不同。毕竟并非每家公司都走在行业最前列，而员工也需要一点相对熟悉、有迹可循的东西傍身。他们说，实际上，"我们只是来打工的，不是为了改变世界"——但当一件工作完成得很漂亮时，他们也会感到自豪。

**高品质
怀旧风服务**
由人性化的现代科技
为您悉心奉上

现今，每个人都在谈客户服务。针对国际汤姆森出版公司（International Thomson Publishing Ltd.）图书发行业务的特点，我们创造了一种视觉和文字表达方式来呈现上述这一事实。我们也借此想阐述一个通常会用大量文字反复强调的观点：客户服务对该公司来说不是一个新概念。

对于出版商劳特利奇（Routledge），我与其一起开展的许多工作基本是和语言使用有关的。首先，我们将该公司定义为热衷提问、善于质疑、喜欢开辟和探索学术出版的各种途径。这样的定位自然孵化出一种提问式的文案风格，它要达到的目标除了身份识别，同时还要让劳特利奇的书更容易被书商和读者接受。我的方式是通过两个问题引出封底简介，也成功地让劳特利奇的员工更愿意展现自己的探究天性。语言风格成为企业性格的一种文字展示途径。

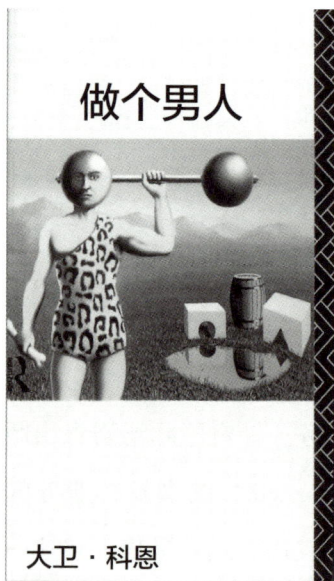

做个男人

大卫·科恩

在当今社会做男人是种什么感觉？

女权主义对男人生活造成了实质影响吗？

对许多公司来说，表达清晰应该是品牌要求的一部分。在繁忙的火车站、机场或者在我们城镇的街道上，清楚传递信息的标识就是一种客户服务。记住，过犹不及。有次我们去某家制造公司开会，看到电梯里挂着这样的标识：

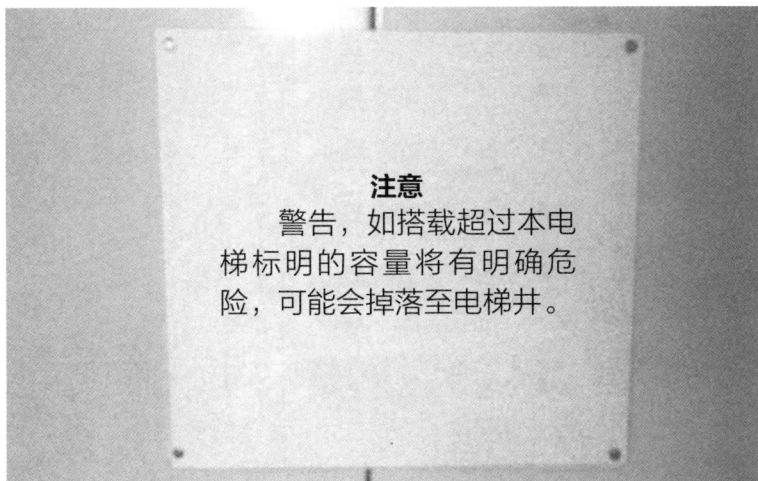

注意
警告，如搭载超过本电梯标明的容量将有明确危险，可能会掉落至电梯井。

城际列车公司

← 乘车

厕所 →

与城际列车公司（InterCity）合作时我们发现，该公司在车站里使用的视觉语言与引导人们去厕所的视觉语言是一样的。记住，如果视觉语言要改，那文字语言也要改。让我们从一个简单的使命宣言开始。

> 不绕圈子，城际列车公司为您提供快速往返于市中心之间的最文明之旅。

我尤其喜欢文明这个词。在使命宣言中，人们往往难以抗拒"最佳""高质量""卓越"这种混合词的诱惑。但"文明"用在这里，展现着一种与众不同、令人惊艳但雄心壮志丝毫不减的气质。而且，就像美国邮政大楼上的铭文一样，它包含一种根基深厚的公共服务理念。

城际列车公司文案写作遵循的是"少即是多"的原则。这是需要信守的原则，不是必须服从的规定。对人们来说，唯一的规定就是多琢磨琢磨自己使用着的语言究竟表达和意味着什么。

好的文案应以提供信息为目的。

它通过简单、清晰和合乎逻辑来实现这一目标。

有时它需要完成更多的任务；

它必须引导和激发。

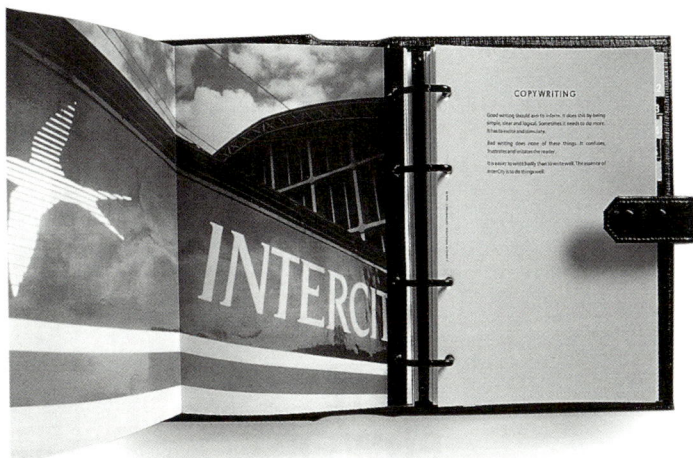

糟糕的文案什么都完成不了。

它只会使读者感到困惑、沮丧和烦躁。

写得不好比写得好更容易。

城际列车公司的本质是把事做好。

有时，语言或者一个短语也会被当成识别系统中一个被特意选出、具有标志性的基本元素。我们为皇家邮政包裹公司（Parcelforce）创设的短语是"传递的力量"，我也很乐意称为口号，毕竟口号源于战场上的呐喊，沿用至此仍气势十足，让人澎湃。皇家邮政包裹公司需要一个饱含积极和自信的声明，作为身份识别的一部分，让他们在与天递（TNT）、联邦快递（FedEx）、联合包裹服务（UPS）等公司争夺市场的战争中能更有斗志。顺带一提，作为英国邮局的一部分——皇家邮政包裹（Royal Mail Parcels）公司则一直非常低调，尽管它占据最大的市场份额。说回皇家邮政包裹公司，这个口号好歹让公司内一部分人昂首挺胸——它与内部和外部受众都产生了共鸣。

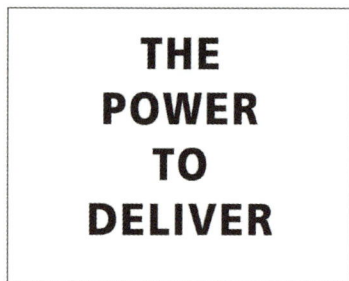

皇家邮政包裹公司的口号 "传递的力量"

相比之下，作为其品牌识别标志，我们为罗宾森公司设计的则是一个更温和、更暖心的短语。罗宾森专注医疗保健和包装产品生产已有 150 多年的历史。"关怀第一"正是对在罗宾森工作的人提出的质量承诺要求，它也与公司标志中的数字 1 形成呼应。

ROB1NSON

CARE COMES FIRST

罗宾森公司的口号 "关怀第一"

其他公司也各有各的口号。其中有些颇为精妙，通过多年来的不断重复，实现了对公司或品牌的瞬时识别和认同，你几乎一看到就能想到它代表的公司。

再接再厉（安飞士租车公司）

绝不故意促销（约翰·刘易斯百货公司）

我们所做的一切都由您驱动（福特汽车公司）

不同凡"想"（苹果公司）

再者，更夸张的是，也许只要这一个词就能让你联想到一种啤酒。

可能[①]

---

① 嘉士伯啤酒广告：Probably the best beer in the world，意为"这可能是世界上最好的啤酒"。

这可以被称作是 20 世纪英语文案的大胜利——将一个如此平凡的词与一个具有卓越品质的品牌成功绑定。

文字很麻烦在于……它们会跟你一起跑掉。

为了掌控手里的一字一句，我们费尽心力，但有时它们就是会失控。文字就是你的孩子。多留心，而不是在它们失控的时候假装无辜，把自己摘得一干二净。它们甚至可以对你周围的一切造成微小却粗暴的破坏。

"我们有一个生物层面的流失问题"这句话是几年前《每日电讯报》（*Daily Telegraph*）的营销总监提出的。它指的是老年读者去世引起的读者流失。我则认为，不管讨论的是何种客户群体，都不应该使用这种表述。它并没有从人的角度考虑问题，还阻止你把客户当成真实的人来思考——此外，因为"生物层面的泄漏问题"是公司员工共同面对的问题，换句话说，它让所有为这家公司工作的人变得都不再从人的角度来思考。

想从一个好的笑话中提炼一个严肃的观点，就要考虑别的表达方式。语言的世界里总有替代。避免使用老气刻板的说法，试着创造一些看起来像是新鲜出炉的词汇吧。

想想自己用的那些词句。我在前面已经聊过了第一句话和吸睛的开场白。记住，你同样需要一个好的正文和结尾。而好的结尾或许就是戴夫·阿伦（Dave Allen）所说的别的表达方式。

我并不介意变老这件事，尤其是当我想到别的表达方式的时候。

不过，无论使用什么词句，要确保你的结尾能引出结论并且留下金句。别学塞奇威克将军[①]（General Sedgwick）那样，在莽原之役（Battle of the Wilderness）中把头伸出护栏喊——

胡说八道！这么远的距离他们连头大象都打不中！

[①] 约翰·塞奇威克（1625—1672），美国南北战争时期北军少将。——编者注

第 2 章

我——谁在写

那是水流交汇之处。在我心中，它们犹如圣地。

——雷蒙德·卡佛（Raymond Carver）

1

找到你的声音

第一章从"我们"即企业视角谈写作，这一章则从"我"即个人视角谈写作。我认为这两者不是或者说不应该是可以轻易分割开的。我们需要在企业的语言风格大框架内发展出更多个人的写作风格。

我们都拥有自己的声音。在我们声音的基因中，存在着某些东西，它使我们的声音变得有别于其他，独特又明显。比如，打电话的时候，我们不会每回都觉得需要自报家门来让对方认出自己——声音本身就足以识别。

书面文字也是一样的，尽管写出的文字好像比较难以实现个性化。我们珍视仰慕的大文豪们，文风独特，易于识别，但能达到这种层次的人毕竟不多。对我们中的大多数人来说，能尽量写得好一些、尽可能有效地传达我们的意思，并偶尔用上带有自己个性的短语，这样就足以让人满意了。但我们也得意识到，在一个由数十亿人组成的世界里，个性是一个相对的概念。

我们都是语言河流的一部分，它比我们每个人所代表的小支流要宽广得多。也因此，尽管关于表达方式，我们每个人都有自己的独特喜好，但我们通常没有意识到，这种个性往往有某种集体性的源头。谢默斯·希尼（Seamus Heaney）用引人入胜的口吻讲述了这样一件事：他发现盎格鲁-撒克逊（Anglo-Saxon）诗歌《贝奥武夫》（*Beowulf*）正是他要找的所谓"匹配的声音"。当他意识到这点，将古英语单词"tholian"和他童年学到的爱尔兰方言"thole"（受苦）之间建立联系，他才终于找到正确的语气将这首诗翻译成现代版本。这种语气就像是他那爱尔兰家庭成员的声音，"某种印第安人郑重发言的语气，好像他们是在宣布判决而不是在闲聊一样"。

家庭、公司、地区、国家、宗教、历史、社会和其他特征来源都会融入我们个人意识。因此，我们也可以汲取这种融入并从中塑造我们个人的语气。这并不是一种削弱，反而是丰富了我们的个性，只要我们是在用这些来源凝练属于自己的语气——而不是以牺牲某些来源为代价让某一种来源独大。啊，说起来，这正是许多商务写作最终失败的原因。人们让"企业"这一特征吞没了所有其他特征。记住，实现多特征融合，创作出的文章才可能内容丰富、吸人眼球。

本章讨论的是"允许"人们在商务写作中带入更多个人

色彩——原因很简单，因为文章写出来是给人看的，这种风格让人读起来更容易接受，自然能更好地促进商业发展。这一章也探讨了如何达到这个目标。文中给出的建议，尤其是诗歌的使用，对我来说很有用。其他人可能有其他方法。这很正常——毕竟我们的兴趣点、刺激点都不同。

∞ 2 ∞

与乐施会的对谈

这节的内容包含我在介绍某个研讨会时的一次谈话。那是一场为乐施会（Oxfam）的16位作家举办的研讨会。1999年，基于要让人们理解这个"品牌"的真正含义，以及解决"品牌视觉风格和符号究竟应该给人们塑造怎样的印象"这一问题，英特品牌及纽厄尔-索雷尔设计公司（Newell and Sorrell）为乐施会打造了新的视觉形象。我在这里的任务是帮助英国的乐施会统一自己的语言风格，并通过牛津的通信小组完成的笔头工作传达出品牌的价值。我们把这16个人聚集在一起，参加由我和我写作业务方面的同事马克·格里菲斯（Mark Griffiths）主持的为期一天的研讨会。

在研讨会之前的讨论中，我们发现参与研讨会这件事可能对这16个人造成了一点压力。他们都被认为是作家，但对自己写作能力的自信程度并不相同。他们都为这个非营利组织工作，也都不希望变得"商业化"。我们会把他们变成慈善版的麦当劳叔叔吗？或者，我们会试着说服他们引入"广告术语"（对他们来说，这意味着"以牺牲诚实为代价"）？

当然，这些问题的答案是"不"。但听到这些问题让我觉得也挺遗憾的，我不知道自己能不能帮到些什么。以上面的这个经历为例，研讨会确实对参与者们有帮助——主要是提高他们的自信心，同时它也强化了我的信念：任何组织如果想以更有效的方式达成企业目标，就需要鼓励员工给出更多的自我表达。也许，回顾 20 世纪的历史，我们希望这些在政治生活中运用得很好了的经验，同样也能运用在商业生活中：极权主义是行不通的。

下面是介绍研讨会时的发言。

对马克和我来说，能置身于满是作家的房间是一种少有的享受。事实上，这似乎是一个与常识相悖的观点，毕竟，作家从本质上说，总是在自己独处的时候会更快乐。写作在大多数情况下是一项孤独的事业。我觉得这样挺好的，甚至愿意庆祝这件事，但今天写作本身不是重点，重点是作家们相聚在一起，交流思想、分享观点并且一起工作。

马克和我都是作家。我们团队致力于解决语言风格相关的问题。自然，我们很关注各公司用语言来实现身份识别的方式。人们更习惯把身份识别当成一个视觉表达的事——标志、符号、颜色等才是关键。我们则对品牌和语言之间的关系感兴趣。毕竟，我们对某个机构下判断的基准是他们与我们沟通的方式——文字和图像两种方法并用。

我的理解是，在乐施会，人们通常把作家和设计师聚集在一起，以小组为单位协作。你知道，图像可以激发出文字，而文字可以引导出图像。

这里还有一个更深层次的问题。我真的相信我们可以且应该把真实的自我带到工作中去。那些我们认为有趣的、有意思的和好笑的东西正是使我们成为作家的原因。我们的个性影响着我们的写作。如果我们谈论的是"品牌"写作，我们会希望以符合品牌个性的口吻写作——但现实是，只有当你把自己的个性融入其中，品牌才会有个性。

因此，我决定，这次介绍性谈话应该围绕我感兴趣的事以及我成为作家的缘由展开。希望它最终呈现的样子不会像这介绍听起来的那么以自我为中心，毕竟虽然是基于我的感受和体验，但有一件事是我们作为作家所共有的——那就是对文字的迷恋。在这里分享一些近期对我的生活产生了影响的话，我生活中的点滴片段，就像电视剧《欢乐一家亲》（Frasier）里演的一样。

◈ "你能不能把车停在那，然后登陆"

当我到金丝雀码头（Canary Wharf）附近参加会议时，有人对我说了这么一句话。人一旦穿上了制服，就非得变得傲慢无礼吗？还是说他觉得必须要用一种和朋友聊天时绝不会用的口吻说话？不过其实我倒是挺感谢他的，因为他以如此可怕的方式使用了"登陆"这个词——但我们竟然都明白他是什么意思，这件事本身难道不奇怪吗？——也正是这件事给了我灵感。

✒ 只恨温格 [①] 无钱花

只恨温格无钱花

如果对我这个人稍有了解，有件事或许会让你觉得惊讶：我竟然到现在才提起我那心爱的足球队——阿森纳。这是某年夏天《太阳报》（*The Sun*）的头条新闻，当时赛季接近尾声，阿森纳仍没能签下新球员。你可以相信《太阳报》，它总能给你一个吸睛夺目的标题。我很喜欢它的标题，但同时我也隐隐担心这会不会是某种迹象：我们都在变成只追逐标题的读者。

我爱足球，因为它激情澎湃——关于这点我们后续会聊到

---

① 温格（Wenger），阿森纳队原主教练。——编者注

的——而且还有个更简单的原因：在很多时候，它都让我快乐。

◈ 哦，美国

我对美国很着迷。在某些方面，尤其是地名，这个国家的语言会展现出无与伦比的延展性和包容性。在我看来，比起平平无奇的普拉茨基桥（Platsky Bridge），普拉茨基航路（Admiral Platsky Skyway）这个名字就好听多了。

但是，当我驶上新泽西收费高速公路（New Jersey Turnpike）——也是个好名字——去开会时，我得到了完全相反的感受：有时，美国的开放自由也会让位于它的保守谨慎。坐在豪车后座上，我看到了这样一个路标。

> 进入
> 波哈通 [①]
> 镇

我一直都很喜欢牛仔和印第安人，而这里说不定是个美国

[①] 波哈通（Pohatcong）镇是美国新泽西州沃伦县的一个乡镇。Pohatcong 这个名字被认为是从美国原住民伦尼莱纳佩人（Lenni Lenape）的术语中衍生出来的，意思是"分裂的山丘之间的溪流"。

原住民历史遗址，这样的想法让我产生了一丝丝兴趣。我想知道它该怎么发音——也许是 Twop，Tope 或者是 Toop。但是沿着这条路走几英里（1 英里 ≈ 1.609 千米），就看到了后面的布里奇沃特镇（Bridgewater）、贝德明斯特镇（Bedminster），某个地方突然在脑中浮现。

　　这一切让我想起在旧金山（San Francisco）看到的这个可爱的缩略语——与唐人街无关，它只是表示此处为交叉路口，经过时要注意缆车。

✒ **"刚刚接到许多乘客"**

这是几天后，我从美国回来，在希思罗机场找自己车的照片。这里的流程是：坐巴士去商务停车场取你的车。

坐上巴士之后，我无意中听到司机对着他的无线电说："刚接到许多 POB。可以返回了吗？"我猜 POB 指的是"坐飞机的乘客"（Passengers on Board）——但意思也许不对，或者更糟。这还让我想到，"礼宾巴士"这个名字也挺讽刺的。

🖋 名字里到底意味着什么

过去的一年里，对我来说有趣的事情之一，是观察名字在日常使用中是怎么被使用的。有很多人在谈论《德拉古法典》（Draconian laws），但也许我们对这个叫德拉古（Draco）

的古希腊人知之甚少。我们应该去多了解一点吗？或许在他的
时代，人们还会取笑他的名字——也许他以此为由把人关进了
监狱。再举一例，当然，克林顿持续不断的风波也会对语言造
成影响——"完整版莫妮卡"（the full Monica）成为一个有内
涵的词（我也想知道它的影响会存留多久）。当然，我们英国
早就已经摆脱这些个政治丑闻了不是吗？开始我是这么想的，
然后就被《每日电讯报》这个标题震碎了我的认知。

内阁将减
薪 3 年

✒ 木头狂想曲（歌名）

我忍不住了。尽管发生了很多事，我还是喜欢伍迪·艾
伦（Woody Allen）的电影。因为这个人的所作所为让我对电影
的喜爱越来越少，但他写作的高质量让我爱得越来越深。在一次
美国之旅中，我眺望了曼哈顿天际线（Manhattan skyline）——
这次没机会去——我买了《曼哈顿》（*Manhattan*）的录像，

这是我最喜欢的伍迪·艾伦的电影之一，给大家看看开头的几分钟。

《曼哈顿》的开场是一连串纽约的黑白照片，随着乔治·格什温（George Gershwin）的《蓝色狂想曲》（*Rhapsody in Blue*），映入眼帘的是摩天大楼、停车场、大桥、霓虹灯、中央公园等景色。你听到伍迪·艾伦的声音随着照片的切换而出现，他扮演着一名小说家，正努力写出一本关于纽约的书，却卡在了开头。他想了很多方法：浪漫的、富有街头气息的、说教的、愤怒的，尝试过后又纷纷放弃。影像的变化反映着文字设定的不同方向，最后，他终于解决了开篇的问题：写出最能描绘出他自身模样的文字——"黑框眼镜挡住的是他如丛林猫一般被收敛起来的性魅力。"格什温的音乐升至高潮，烟花也在此时于曼哈顿天际线上绽放开来。

🔶 嚯哦（语气词）

几个月前，牛津大学出版社推出了新版《牛津英语词典》。

一书激起千层浪。对新闻从业者来说，这一直是个轻松就能炒热度和造话题的好时机。看看现在又有哪些新词正式成为英语中的一分子，通过被词典收录而获得了可信度。嗯，这里有个"Phwoah"（嚯哦），意思是"不善言辞的人对异性的夸奖"。

🖋 与我的经纪人的对话

不，我并没有经纪人，我的版税收入还没有多到那种程度。这是关于我在爱丁堡第一次参加艺术节的经历。我当时很期待的是根据罗布·隆恩（Rob Long）的书《与我的经纪人的对话》进行戏剧改编后的表演。罗布·隆恩曾是《欢乐酒店》的编剧，那是我最喜欢的电视节目之一。

有这么一件逸事：在《欢乐酒店》完结后，罗布·隆恩开始给另一个情景喜剧节目进行创作，并且为找制片人这事忙得焦头烂额。他讲了个故事好让人理解他在经历怎样的两难境地，故事是这样的：

我的一个作家朋友给出了这个道德难题。你在巴西的雨林中旅行。你遇到了一个年事已高但仍然精力充沛的人——希特勒。你告诉他，他是 20 世纪最大的恶棍，把他交给当局对你来说毫无疑问是一件大快人心的事。他则告诉你，他看过你的表演，在他看来，那"好得无与伦比"。这样，你会告发他吗？

对一个作家来说，写作的风险很可能来自人们会把对你作品的评价与对你这个人的评价绑定。要把它不当回事压根儿做不到，而且，这类事我经历得已经足够多了。所以也许，我想说的是——作家到底有多脆弱，我完全理解。我们今天不提评判或批评，一起来探索一个我们都喜欢的主题。

✒ 轻点，因为你脚踩我的梦想

这是威廉·巴特勒·叶芝（William Butler Yeats）的诗句。在它带来的灵感引导下，我的工作生活中出现了许多高光时刻。从去年开始，我们与来自纽厄尔–索雷尔设计公司的35名勇敢的志愿者一起进行某项关于诗歌的实验。我给这35人逐一挑选了诗歌并要求让诗歌进入他们的生活，在长达几周的实验中，志愿者们对诗歌的了解逐渐加深，最后给我提交一份书面回复：这首诗对他们来说意味着什么？他们是否能将获得的情感意义带入工作生活？

收到的回复都棒极了，它们感情真挚且丰沛。同时，它们也证实了我的观点：人是充满潜力的，也可以在工作中投入更多个人情感，而且这么做百利而无一害。

马克·格里菲斯为我挑了一首诗当作回礼。这首诗是萨缪尔·贝克特（Samuel Beckett）的《何为词汇》（*What is the word*）。

愚蠢——

愚蠢的，为了——

为了——

何为词汇——

愚蠢的，从这个——

所有这一切——

愚蠢的，从所有这一切——

鉴于——

愚蠢的，鉴于这一切——

看到——

愚蠢的，看到这一切——

这——

何为词汇——

这个这个——

这个这个这里——

所有这里的一切——

愚蠢的，鉴于这一切——

看到——

愚蠢的，看到这里的一切——

为了——

何为词汇——

看到——

瞥见——

似乎瞥见——

似乎需要瞥见——

愚蠢的行为，因为似乎需要瞥见——

什么——

何为词汇——

以及哪里——

愚蠢的行为，因为似乎需要瞥见——

哪里——

哪里——

何为词汇——

那里——

在那里——

在远处的那里——

远处——

远在天边——

渺茫——

在远处的那里有什么——

什么——

何为词汇——

看到这一切——

这一切——

这里的一切——

愚蠢的是，看到什么——

瞥见——

似乎瞥见——

似乎需要瞥见——

在远处的那里有什么——

愚蠢的是，似乎需要瞥见远处的那里有什么——

什么——

何为词汇——

何为词汇

　　马克希望我能分享一下我关于写作的那些奇思妙想。如下则是我的真实想法：写作总让人绝望。有时只能只身上路，寻找一些或许根本看不见也摸不着的东西。完美看似触手可及，也只是看似而已。但你没有放弃，不断尝试，有时候，似乎就离心中的目标近了一步。细碎的成功点缀着旅途。例如，你好像找到了对的那个词，或许至少它比你上次用的那个要好一些。结局也许不如贝克特描述的那般惨淡。在我看来，贝克特追求着前进本身所带来的快乐，实在令人震撼又敬畏。

　　前进，我坚持已久，也将继续坚持。下面，我们就研讨会的事好好聊一聊吧。

3
从家开始

人们加入像乐施会这样的慈善机构，是因为他们想通过自己的工作来表达个人信仰，参与有意义、有价值的工作，薪酬或许不高，但带来了更大的满足感。

不过，即便不为慈善机构工作，我们也都喜欢在工作中做了好事的感觉。即使这种善举只是为我们工作的地方（在这种情况下，也可说是同事）的经济和社会福祉做出贡献。

我们都需要这种感觉：在工作中，我们一定程度上忠于自己的本性和信仰。上班时和下班后是全然不同的两个人，这种状态其实多少会让人有些不舒服。不过，聪明的雇主能够发现，工作的效率和快乐之间存在着联系。

当然，我们也得好好想想：是什么让我们快乐？我们还要问：是什么让我们每个人都能做好自己的工作？一直以来，我的感受是，"做自己"让我能在工作中发挥出最好的水平。不要让我做我不擅长的事。不要强迫我做违背我信仰的事。请一定要鼓励我去发展我真正的个人兴趣，因为这也将对工作有利。听起来是不是很以自我为中心？事实上，并不都是我！在建立和管理团队的过程中，我同样遵循了这些原则，发现它们对其他人和工作开展都很有用。

当然，这意味着我们都要对作为独立个体的自己有信念和信心——你得觉得自己不别扭。你得确信自己作为一个人是有价值的。有些人天生就有这种自信；对另一些人来说，他们的自信可能只是一层假面。

就我自己而言，虽然面上不显，但在内心深处，我一直有着坚定的自信。也许有些人也是如此。下面要介绍的内容是非常个人化的东西，它也许能帮人建立个人信念以及通过一种特殊的写作方法来锻炼自我表达。当然，也会介绍和展示一些我的作品，这很重要——你对我更了解之后，才能对构成我语言风格的各种来源有更深的了解。

下面这封信是几年前写的，是写给我的孩子（当时他们十几岁）的一封信。由于遭遇了一些事（亲友患病），我觉得有必要把我关于生活的想法和经历写下来，以便孩子们仔细阅读。我也可以向他们口述——但那样会让故事变得又尴尬又不够完整。马修和杰西读了这封信，还告诉我他们非常喜欢。我很高兴自己完成了这件有治疗效果的事情——具体来说，我相信这个经历对我的工作也会有帮助：在需要的时候，我的写作会更加情感充沛。

亲爱的马修和杰西：

圣诞节那天，我第一时间就出去跑步了。我于暗夜中出发，跑进黎明。跑过海格伍德（Highgate Woods）时我在想，"我见到了次日晨光"。在我心里，这句话可以被用作一首诗的首句或末句，来讲述死亡和老去。

我得坦白，现在的我确实开始思索死亡这件事，随着年龄增长，这些想法和情绪会自然出现。迈克的患病加剧了这种情绪；然后是赛的遭遇，她的身体还活着，但意识已消逝；还有杰夫想根据他对他父亲阿诺德的回忆录来发展讲故事疗法的想法。事实上，我非常喜欢杰夫所写的那本关于阿诺德的小书，也真心认为杰夫提出的是个很好的想法。

这些事情接踵而来，使我萌生动笔的念头，决心试着好好把我的家庭写下来给你们看，尤其是赛的故事。请一定要努力记得她，不是现在这样记忆凋零的模样，而是她曾经的样子，也许你们还能从记忆中认出她。还有关于我的妈妈和爸爸，杰西和弗兰克，你们从未见过他们，这也许是我生命中最大的遗憾。

***

我在位于国王十字站（King's Cross）和尤斯顿站（Euston

stations）之间的莱维塔公寓楼（Levita House）里长大。我们
在三楼拥有一套两居室。我和哥哥戴夫共用一间卧室，他比
我大 9 岁，我们并没有太多的共同语言。戴夫出生于 1939 年，
他出生后没多久战争就爆发了，战争期间，他大部分时间都被
疏散到威尔士避难。我出生是在战争结束的 3 年后，也因此拥
有了和戴夫不一样的童年。我记事之后就意识到战争已经结束
了（尽管硝烟并未散尽，仍足以投下令人恐惧的阴影），我可
以拥有各种各样的东西（配给制已经结束），能和全家人一起
去海边度假。最重要的是，我有妈妈和爸爸陪着我，这是戴夫
6 岁之前从未享有的经历。

戴夫和我以前经常吵架。我们相处得并不好，这句话仅
是说出来都让我觉得羞愧。戴夫去世（41 岁）时，我们之间
还有那么多话未能宣之于口，我无比愧疚、悔恨和遗憾。因为
我们从没有真的了解和懂得彼此，导致明明心里有爱，嘴上却
从未承认。

唯一理解戴夫（至少在他最后的 10 年里是如此）的人，
是我们的小姨——赛。在妈妈和爸爸去世后——某种程度上去
世之前也是——赛是戴夫和我真正的妈妈。为什么会这样？部
分原因是妈妈已经去世，赛陪伴着我们，承担了母亲的角色；
还有部分原因是我的生母杰西和小姨赛是非常相似的两个人，
她们彼此一生也都很亲近。杰西去世后，赛就担负了她的职

责。虽然之间相隔两年，但她们的生日都是 10 月 26 日，这件事一直让我印象深刻。

戴夫去世的消息是赛在那个星期六晚上打电话告诉我的。戴夫在尤斯顿站附近的花园晕倒了，死于心脏病发作。那一天，他参加了一个工会会议并发表演讲，赞成将他的小工会并入一个更大的工会。从某种程度上说，这与他在工作中试图达成的一切都背道而驰；合并意味着承认失败，他肯定承受了巨大的压力。他死的时候是孤身一人，活着的大部分时间也是这样，不过，人们在他身上发现了赛的名字和电话号码，被通知去认尸的人也是赛。

***

我并非有意把这封信写得这么阴郁。只是写下这些事的时候，氛围就自动形成了。让我试着再多给你们讲些关于杰西、弗兰克、赛和莱斯的事。我总说——我是认真的——杰西是我最好的朋友。她在交朋友和维系朋友关系方面天赋异禀。哪怕我认识跟她有许多相同品质的另一个杰西，我还是认为她是我见过的人中最元气满满的那个。

你们要记得，时代不同了。杰西出生于 1912 年。她的父亲在第一次世界大战中丧生，她与父亲未曾谋面。她的母亲靠着做早班清洁工的工作独自将她和赛抚养长大。杰西年幼时虽然并没有吃过太多苦，但她长大后仍希望通过努力让自己的孩子过得好些。

在我妈妈看来，政治就是要把世界变得更好。她不是一个政治哲学家，她是个实干家。我是在她参与过的各种政治活动中长大的。她参与过圣潘克拉斯站（St Pancras）的拒付租金游行，这是我对政治行动和示威游行最初的记忆之一。从很早的时候开始，我们就会参加游行［每个五一节以及复活节时从奥尔德马斯顿到伦敦的核裁军运动游行（CND marches）］。

在 20 世纪 30 年代，她是英国工党的一名党员。我的父亲弗兰克也是，尽管他的政治信仰从未像我母亲那样深刻。在西班牙内战（the Spanish Civil War）时期，他们刚结婚，曾暂时收养过一个西班牙男孩。战争结束后，他就回了他在毕尔巴鄂的家。为了表示感谢，对方做了一张桌子寄给我们，这张桌子最初是戴夫在用，现在给了马修。

我一直喜欢关于贾罗游行（Jarrow March）的故事。

20 世纪 30 年代，纽卡斯尔附近的贾罗的失业者游行至伦敦，以引起人们对于政府政策造成的贫困的关注。当杰西去海德公园（Hyde Park）为那些疲惫不堪、衣衫褴褛的游行者鼓掌以示鼓励时，她被见闻深深地感动，并且出离愤怒。在没有通知弗兰克的情况下，她拿走了他计划在婚礼上穿的西装，将它送给了游行者。那些可怜又饥饿的人中，想必有一个人以相当奇怪的状态回到了贾罗：穿戴整齐，却仍然又穷又饿。

这些行为带来的后果是，战争开始时，弗兰克和杰西的家就遭到"政治组"（the Special Branch）的突击搜查。我很想问问更多关于这方面的事，但显然不被允许。总之，希望他们能收到一本《穿破裤子的慈善家》（*The Ragged-Trousered Philanthropists*）。

啊，说起衣服，总会有些好的、有趣的故事。杰西喜欢服饰，尤其是帽子。有个叫小伊迪（Little Edie）的女人住在隔壁街区，我和我妈妈每月去一次她的公寓，这样杰西就可以买到一顶新帽子。因为是甩卖，帽子都非常便宜。但买便宜货并不是什么该觉得羞耻的事，这更像是财产合理再分配……

还有一个关于退伍服的故事（士兵在战争结束后退伍时，每人都会得到一套"平民"服装，以免还要穿着军装回家）。我从未亲眼见过那些衣服，但杰西和赛每每回忆起弗兰克和莱斯穿着它们的模样，就总会乐得笑出眼泪（衣服太不合身了）。然后是泳衣的故事。弗兰克和莱斯一起从军队退伍（同一个坦克团），都得到或者找到了一份印刷业相关的工作。我不记得在《新闻纪事报》（*News Chronicle*）工作的是谁了，我感觉是赛。总之，她从《新闻纪事报》得到了三件泳衣，送给了弗兰克、莱斯和哈里·萨顿（Harry Sutton）[我的远房叔叔，与弗兰克的妹妹特鲁迪（Trudy）结婚了]三个人。这些泳衣是早期"自带品牌标识"的商品，报纸的名字被缝在这些连体服装的正面。莱斯那时候非常苗条，纤瘦的他、过大的泳衣和湿漉漉的纤维——尽管并没有看到照片，但光是这么说你的脑海中就应该已经有画面了吧。

我最早的记忆之一是在幼儿园毕业后和弗兰克一起参加不列颠节（1951 年）。这是我印象中的第一次玩耍，我会这么想大概是因为那里是唯一（虽然是临时的）有真正的儿童游乐设备的场所。除此之外它就是个被轰炸区。

以前，弗兰克星期五接我放学之后，我就会去那儿玩。我上学的地方在德鲁里巷（Drury Lane），我们会从这里走过科文特花园（Covent Garden）市场。弗兰克的父亲和杰西的父亲都曾在科文特花园做过搬运工，所以我们一大家子人都对这里有感情。有时弗兰克会带我去查令十字路（Charing Cross Road）的电影院看电影——我还记得在那里看了《三个臭皮匠》（*The Three Stooges*）。

弗兰克会在星期五来接我。他每周要工作四个晚上，从星期一到星期四。他大约在晚上 6 点去工作，十二三个小时后回家。这就意味着在大多数工作日的晚上，家里只有我和妈妈。杰西会把所有的报纸带回家——她一直在报社工作，能免费拿到些报纸——然后全部读完。尽管在此种氛围中成长，我却好像从没接受这样的方式，而且到今天都没搞懂为什么会这样。直到看见学校的某位老师每天在课堂上大声朗读《柳林风声》（ *The Wind in the Willows* ），我才觉得这种阅读方式有趣。我告诉了杰西。她则在我 9 岁生日时给我买了《柳林风声》，还在上面写了字。这是我读过的第一本书，我们至今仍保留着它。在那之后，我开始沉迷阅读。我喜欢《比格斯》（ *Biggles* ）系列，《捣蛋鬼威廉》（ *Just William* ）还有《詹宁斯》（ *Jennings* ）。

周末就不一样了，毕竟妈妈和爸爸同时都会在我身边。星期六分为三个部分。第一部分（上午）我和妈妈去购物；往来于查尔顿街（ Chalton Street ），买些日用品。因为杰西每周也要工作（在当时这还不是常态），所以比起母亲在家做全职太太的那些家庭，我们家在星期六采购时买的东西要更多一些。我们去了"合作社"（该店号码是 1257861 ）和其他商店，如五金店弗雷德菲尔兹（ Fred Fields ），我还记得他以前卖的桶装醋——购买时需要自带瓶子——的味道。杰西和我提着大大小小的购物袋回到家后，她会做午饭——肉馅饼或炖肉之类的——然后星期六进入第二部分（下午）。

啊，是的，你已经猜到了，就是爸爸带我去看阿森纳的比赛。路上大概要走 10 分钟，戴夫经常会和我们一起走到去国王十字路站的路上。踏上这条路，每走一步我都会更兴奋，你能感受到越来越多的人开始朝着同样的目的地靠近，成为其中之一的感觉可太美妙了。在国王十字路站转地铁，这里的每个人都在谈论同一件事，氛围非常愉快。靠近阿森纳地铁站，气氛开始变得有点紧张，倒不是起冲突，而是因为离比赛越来越近。那种兴奋的感觉，我到现在都记忆犹新：我牵着爸爸的手走在阿森纳站的斜坡上，右边有一条奇怪的围栏式走道，偶尔有乘客逆流滑行下去坐地铁，而我们则跟在巨大的人流中一直往上走，去到海布里。走出地铁站，重见天光，再进入海布里球场。那里面，在北岸处，弗兰克会在球门后面和他的伙伴们见面。看上去，他们都已经不太年轻了，我猜这几个男人应该是四十来岁，不过那时候每个人看上去都比较显老。但也要说句实话，足球在当时确实不是年轻人的运动。我坐在围栏上的一个垫子上。一两年后，我就站在弗兰克专门制作的折叠凳上了。我听着巴斯廷（Bastin）和德雷克（Drake）、马勒（Male）和哈普古德（Hapgood）、亚历克斯·詹姆斯（Alex James）和吉米·罗吉（Jimmy Logie）的阿森纳故事，也产生了我的初次崇拜的人：德瑞克·塔普斯科特（Derek Tapscott），他是我们的 8 号球员——就像伊恩·赖特（Ian Wright）一样。

有趣的是，我认为我并不是真的那么喜欢这些比赛——我太紧张了，总是没办法做到所谓的享受。我曾经无比渴望也非常惧怕比赛。我讨厌失败，而在那些日子里我们输了好多回。但我从未停止看球；20 世纪 60 年代，弗兰克已经受够了并且再不去看阿森纳的比赛，这事还让我吃了一惊。不过那时我已经可以自己去了，而且也不再需要站在凳子上。

星期六的晚上（这一天的第三部分）是看完比赛后的放松。我被派到糖果店去买巧克力和糖果，这样我们才能更好地坐下来享受看电视的时光。当然，电视是黑白的，屏幕大概有 12 英寸（1 英寸 = 2.54 厘米）宽。当时还有一些可怕的节目，如《比利棉花乐队表演》(*Billy Cotton Band Show*)、《星期六夜游》(*Saturday Night Out*) 和《扶手椅剧场》(*Armchair Theatre*)。那时，星期六晚的电视节目比如今的还糟［没有今日比赛 (Match of the Day)］。我怀疑弗兰克觉得每天晚上的电视节目都这么糟糕，所以他对晚上工作这件事也就不那么介意了。

星期日又是不同的安排。在过去那些日子里，人们是真的认为星期日是不同的，需要过得特别一点。人们会悉心打扮。如果要出门，我甚至得打领带穿（短裤）西装。领带是有松紧带的简易款，压在衬衣领子下面。在街上，散步的人们三五成群，但每个人都很安静。星期日的噪声等级总会急剧下降。连孩子们都在安静地玩耍。

大约在 1958 年，我 10 岁的时候，我们有了第一辆车。弗兰克在战争中开过坦克，他是个非常小心的好司机。这辆车（一辆希尔曼汽车）以及随后的那些车都成了他的爱车；弗兰克加入了星期日上午的洗车消遣活动。在上午晚些时候，我们会开车去赛和莱斯家然后跟他们一起吃晚饭。乔是 1954 年出生的，我非常喜欢和她一起玩。莱斯一般会负责做午饭，因为赛从来就不认同所谓男女分工的那些刻板印象。杰西和赛是现代女性，而且是工人阶级的现代女性，这使她们越发地了不起。

赛尤其有一种强烈的阶级意识。她本可以拿着理事会提供的奖学金去罗婷女中（Roedean School）读书，但修女布兰奇（Branch）无法负担她继续接受更高的教育；她连想都没法想。14岁的时候，赛就得跟着杰西出去打工赚钱。但无论是赛还是杰西，她们都不打算去做纯体力活。他们将和许多编辑和记者合作共事，也将被平等对待；这些人受过的教育比她们多得多，也拥有不同的社会背景。

从我的角度看，唯一的问题是我得学着好好讲话。因为赛想让我自然地融入这个氛围，要我不尴尬，也不让她尴尬。所以赛会开始纠正我的说话方式。某些发音对我来说确实有困难——比如"th"的音，还有"fire"（火）总会说成"far"（远）。赛对自己展开了"正确发音"训练，也唠叨着要我说得再好些。我拒绝了。对此，我们有过一些争论。但我们学会了如何与对方共处：我想我们是尽可能理解和靠近了对方的立场，最终在中点相遇。回想起来，这件事杰西完全没有参与，还挺奇怪的。我不记得她有任何试图介入或者以各种方式影响这场"说话辩论"的行为。她有一口纯正的伦敦口音，没有赛那种训练过的感觉，也并不做作。

***

我们作为一家人曾经多么亲密，简直是了不起，真的。特别是赛和杰西，对她们来说，我们两家之间相隔的 10 英里仿佛不存在。或许在她们的心目中，对赛而言，皮姆利科（Pimlico）和尤斯顿（Euston），对杰西而言，查尔克农场（Chalk Farm），都只是德鲁里巷（Drury Lane）外的小街道；德鲁里巷是她们长大的地方，修女布兰奇和修女西蒙斯（Simmons）还住在那里。当时发生的事情是生活中非常正常的一部分，但现在回想起来，却显得非常奇怪。例如，为什么赛在那时候差不多每个星期六都会到莱维塔公寓看望我们，还打扫房间？她到了之后会拿出簸箕和扫把、拖把和水桶——她在的时候，只需几分钟地板就会湿掉，我们得先铺报纸再走路，以免脚印踩得到处都是。这只是家庭关系密切的一个例子，还是她喜欢这样？或者这是她从修女布兰奇身上潜移默化学来的？总之，印象里，这些大概在 1953 年赛与莱斯结婚时就停止了。

我能去牛津大学读书对我的家庭来说是一件相当重大的事。我从圣克莱门茨去了威廉·埃利斯学校（William Ellis Grammar School），在那里没过过一天自在日子。那是一所中产阶级气质浓郁的学校，它有诸如 CCF（联合学员部队）之类的东西，这意味着在每个星期四，学校一半的人都要穿上制服扮演士兵，在操场上来回操练。我参没参加你们应该猜得到。但我的学习成绩不错；这件事倒是总让我自己觉得惊讶。我为什么会比那些聪明、能言善辩的人表现得更好呢？总之，情况就这样持续了下去。我最终考试的时间提前了一年，成绩也挺不错。有人建议我留下来参加牛津大学的入学考试，我照做了，毕竟这比为其他的打算思前想后要容易。然后我就拿到牛津大学的奖学金［沃德姆学院（Wadham College）每年奖励我60 英镑］。去学校后校长说的第一件事就是奖学金的事，得知这个好消息，我立刻冲了回家。杰西还没去上班，弗兰克也还没开始补觉。就像他们都已经知道了一样。那天晚些时候，赛和莱斯发来一封电报："尖塔之城都在雀跃欢呼，约翰·西蒙斯上了牛津大学。"我当然很自豪，但杰西更甚。她联系当地报社，对方派了一名记者来采访我——他们以《牛津大学年龄最小的男学生》为标题刊登了一篇报道（彻头彻尾的谎话，我大概就是比一般的学生小个半岁）。一两天后，我去德鲁里巷附近的公寓看望修女布兰奇。她已经通过赛或者是杰西知道了这个消息，但还没能完全接受它。"牛津大学？"她问，"那不是在奇平诺顿附近吗？"修女没去过什么地方，在她几次离开伦敦的旅行中，有一次还是战时于奇平诺顿疏散了几个星期。我的两个外婆都谈论过她们"从水面上"过滑铁卢桥的经历。

**

赛和莱斯结婚后就搬到了丘吉尔花园小区，住进他们现在的那套公寓。当时丘吉尔花园小区还是崭新的，是个模范小区；也许是战后第一个拥有精心设计的儿童游乐场和最新设施，有在水上的巴特西发电站（Battersea Power Station）提供的中央供暖等服务。

乔安娜出生了（赛当时 40 岁，这个年纪生孩子在当时还不多见），这是一件喜事，因为对我来说就像多了个小妹妹。虽然乔安娜比我小 6 岁，但我的哥哥戴夫却比我大 9 岁——与戴夫和我一个战前一个战后出生导致的差异相比，乔安娜和我所处的环境更为接近。从很小的时候起，乔安娜和我就是很好的朋友——她经常来我家拜访，但更多时候是我去住在赛和莱斯家里。我想，考虑到我父母的工作安排，这个决定挺好也挺方便的。

学校放假时，我会在星期一或星期二坐上 24 路公交车去皮姆利科，然后在赛和莱斯那里住到星期四或星期五。当然，赛要工作——每周工作 5 天，和杰西一样在报社当秘书。莱斯也要工作——跟我爸一样，是一名上夜班的印刷工人。这就意味着乔安娜和我要做自己靠自己，然后彼此作陪。我记得布兰奇也来过一段时间。午餐后，我们会去巴特西公园或切尔西花园散步。走在切尔西桥铁架上那种感觉很舒服。我十分享受那些日子，快乐得让人甚至有些流连忘返——毕竟赛和莱斯跟我密如至亲。我记得唯一一次感到悲伤是在某个除夕夜，我睡不着，泰晤士河上拖船的喇叭声听起来也尤其哀伤。我一直都很讨厌新年。

***

该如何为回忆收尾呢——哪怕是暂时的？让我来说一些关于杰西生前最后一年的事，因为从某些角度来看，这也是离我们最近的记忆了。

话是这么说，但有很多细节我已记不得。例如，她什么时候告诉我——或者是弗兰克告诉我的——她得了癌症？你可能会觉得这样的记忆应该是刻骨铭心的，但它确实已经消失了。杰西与癌症共处了大概有三年时间。她与它一起生活，同它抗争，通过手术试图战胜它，但最终在1968年10月被它打败，那是我刚开始在沃德姆学习的第三年。我当时20岁。我刚进牛津大学时，杰西看起来都还挺好——至少那个时候没有明显的病症。真正的病痛直到她的最后几个月才显现出来；但也许正是因为我彼时远在牛津享受新生活和独立的感觉，所以没有给予足够的重视和关注。

在牛津的第一年，我时常把朋友带回家——特别是迈克和默里，还有保罗和维克。杰西去世时，迈克和默里参加了葬礼；他们来不是为了安慰我，而是因为他们随着相处也越来越喜欢杰西。她散发着一种无与伦比的温暖的力量，不管对方年龄大小，只要是个真诚的人，就能和她建立起深刻真挚的情谊。一个星期日的晚上，默里在我们家，电话响了。杰西接了电话，告诉默里是找他的。她说："他好像把我当成了仆人。"默里说："我打赌是托尼·霍奇斯（Tony Hodges）。"结果也不出所料。托尼·霍奇斯是牛津大学劳工俱乐部的伊顿校友会（Old Etonian）主席，默里则是秘书。

对杰西来说，工党（Labour Party）确实包容性很强。只要找对方法，托尼·霍奇斯（Tony Hodges）这样的人也能被纳入其中。每年圣诞节，我们都会在公寓里和爸爸妈妈的朋友们喝酒。不过其实，主要都是指杰西的朋友；她像是跟所有人都认识，邻居、工作时结交的人（记者们）、当地工党的人以及很久以前结交的朋友。其中一位老朋友是艾伦·赫特（Allen Hutt），彼时他是英国《每日工人报》（Daily Worker）的副主编，被公认为全国闻名的报纸排版权威专家。他非常外向［他的儿子山姆·赫特（Sam Hutt），又名汉克·万福德（Hank Wangford），是个会唱歌的妇科医生］，会在圣诞节派对上表演他的作品。艾伦也会清唱一些革命歌曲——《狂野的殖民地男孩》（*Wild Colonial Boy*）是他的最爱。

这种表演总是很受欢迎，除了有一年圣诞节，地区工党主席西里尔·赫里奇（Cyril Herridge）提出反对，他认为其中的歌词冒犯了他的妻子埃伦（据说这也是在代表其他女士发言）。西里尔是工人阶级的一分子，我想，他这个行为应该是把艾伦搞蒙了。杰西倒是门儿清，但她受不了西里尔那种神经兮兮的态度，只是觉得还挺搞笑的。她让艾伦改唱另一首歌，某种意义上来说让"party"（无论是指"党间"和平还是指"派对"活动）得以延续。

到 1968 年夏天，杰西已经深受病痛折磨。她做了很多手术，包括子宫切除，但在当时，人类对抗癌症的胜率并不大。也是这段时间，我在牛津大学认识了琳达。在假期中，琳达会到我们的公寓来，这些时候杰西往往都在卧床休息。她因病不得不选择退休，然后得到了（她自己选的）一枚古董钻戒作为退休并带来好运的礼物。

那年的某个夏天，杰西躺在床上，把那枚戒指递给我看，然后跟我打听琳达的事。她问了我一些问题，比如"你们是认真的吗？"我说"是的"，于是她告诉我，她去世后会把戒指传给我，再由我送给琳达。还有什么东西比这枚戒指承载了更多的情感吗？

夏天结束时，我回到牛津大学参加米迦勒学期[①]。学期刚开始两周，我就从弗兰克那里听说杰西也许时日无多，申请许可后我立刻飞奔回家。赶到医院后看到的情景让我惊痛不已。杰西的身体在病痛折磨下极度消耗，她看起来仿佛是贝尔根-贝尔森集中营的受害者；她瘦得皮包骨头，嘴唇严重肿胀，脸颊凹陷，肤色惨白，像盖在她身上的床单一样。我不记得自己说了什么，也不记得听到她说了什么。只记得我哭了。后来我离开医院逃回了公寓，留下弗兰克、戴夫和赛陪在她的床边。恍惚只过了一个小时左右，他们就带着我害怕的消息回了家：杰西去世了。

死亡总伴随着一种令人毛骨悚然的幽默。也许苦中作乐是我们作为人类生存的方式之一吧。我始终记得弗兰克、戴夫和我去安排葬礼的那个下午——当然是选合作社殡仪服务（Co-op Funeral Service），必须是合作社。

我们把所有的问题都过了一遍，细致得就像在填报税表一样，力求万事妥帖，都在掌握之中。殡葬公司的负责人是个狄更斯小说式的人物，像尤拉·希普（Uriah Heep）一样散发着不真诚的气息，但这也许与他的工作有关。他问了大约二十个问题，并把我们的回答和要求填进表格里——棺材的类

---

① 英国和爱尔兰一些大学的秋季第一学期。——编者注

型、服务的种类、汽车的数量等。然后他说："最后一个问题，您有合作社股息账号吗？"我们三个人，不约而同地脱口而出"1257861"[1]。杰西一定会为我们感到骄傲。想到这里，我们终于好好笑了一场。

第二年7月，琳达和我在波普勒市政厅结了婚。杰西的戒指成了我们的订婚戒指。婚礼结束后，我们就回到了牛津大学，因为琳达还有一年圣希尔达学院的课程要完成。结婚6周后，我们在半夜被一个警察叫醒并告知弗兰克在工作时心脏病发作，在巴茨医院去世。他从来不是一个喜欢展露情绪的人，但在几个月前他曾对我说："没有杰西，我不知道该怎么继续。"

我想说的话还有很多，但我不该再啰啰嗦嗦考验你们的耐心了。这封信到了该结束的时候，可它该怎么结束呢？我想，"我见到了次日晨光"这句或许足够了，但我还想见到更多，毕竟生活美妙，人间值得。

---

[1] 这里"合作社股息账号"（Co-op Dividend number）被误会为"合作社分店号码"（Co-op divi number）。——译者注

4

内心深处的东西

自传式写作对我们每个人来说应该都不难。你不需要顾虑"我不知道该写什么",也不需要向任何人刻意展示什么;你只是为自己(或者可能还为一两个亲近的人)而写。这也是一个挣脱写作桎梏的好方法。

当然,每个人都有这样或那样的写作限制。我日常工作的大部分内容就是劝说他人在写作中少为自己设限。例如,在与玛莎百货(Marks & Spencer)的客户服务部进行信函写作的相关合作时,我通过开展的一系列研讨会发现,有些人不太认可我提出的信函写作原则——以说话的方式写作。与信函写作团队相比,电话团队表达起来自由更多、拘束更少,人们对此好像也习以为常。有种想法似乎从读中学的时候就已经根深蒂固——信件用语必须正式。人们往往通过在书信中使用标准的甚至有些过时的短语来保证其正式感,在口头表达中则几乎不用。我也与许多公司反复探讨了这个现象,包括大东通信(Cable & Wireless)和皇家邮政(Royal Mail)(见第 3 章)。

如果说我们写信时的拘谨源自学生时代，那我们对诗歌敬而远之的态度大概也源于此。在关于乐施会的章节中，我提到了我最近在工作中开展的诗歌实验。从中，我得到这样一些感悟：许多人一想到诗歌就会害怕；许多人很紧张，但又想了解它，变得更喜欢它；由于社会和文化背景的限制，很少有人能充分理解诗歌并且给出足够的情绪性反馈。

同时，我觉得诗歌可以以某种巧妙的方式帮助人们富有感情地写作，并为工作中的写作增加一个完全不同的层次。我希望它可以搭建起个人生活和工作的桥梁。我们有大约 30 人深度参与了巴特·赛尔博士（Dr Bart Sayle）举办的"突破"（Breakthrough）文化变革项目，为期一周，目的就是想达成这样一个目标。

我从公司的 200 名成员中征集"诗歌志愿者"，伦敦和阿姆斯特丹分部共有 35 人响应，我高兴坏了。某天晚上，我把这些志愿者聚集在一起并做了如下演讲。当晚，彼时的晚间接待员托尼·豪威尔（Tony Howell）朗诵了这些诗歌。他在英国广播公司（British Broadcasting Corporation，BBC）改编电视剧《锦绣佳人》（*Wives and Daughters*）中扮演罗杰，看过剧的人都会认同他有一把好嗓子。当你读诗时，请在脑海中以美妙的声音念出它们。

首先，托尼要读的是邀请你来参加项目的那首诗，作者是叶芝。

他希冀天国的锦缎 ①

如有天孙锦，愿为君铺地。

镶金复镶银，明暗日夜继。

家贫锦难求，唯有以梦替。

践履慎轻置，吾梦不堪碎。

选择这首诗的原因，是它是我开启这个实验的契机。"突破"项目完成之后我回到家，一本叶芝的诗集已经到了。我打开书，读到这首我以前从未读过的诗（不过后来很多人告诉我这是他们最喜欢的诗）。

是什么让诗歌合理且自然？是什么让我们心中产生了共鸣？部分是因为诗人有能力用寥寥几句就勾画出几乎无法用语言表达的意象。"践履慎轻置，吾梦不堪碎"。我在"突破"项目完成后回到家时，既兴奋又疲惫。兴奋之余，我又担心我们心里涌现的情感——希望、信念、信任——会在回到工作岗

---

① 居浩然译版。——译者注

位上时就消失殆尽。

"践履慎轻置，吾梦不堪碎"，这句话比我能说或写出的任何话都更能表达出那些感受。诗歌的存在帮助我坚定了在"突破"项目中获得的信念；它们从另一个角度呈现并承认了情绪本身的意义。进一步说，诗歌承认了所有的梦想都有其脆弱性，无论这些梦想是个人祈愿或者商业宏图。

诗歌是用来表达情感的。谈到诗歌的起源时，华兹华斯（Wordsworth）曾说它"来自宁静中回忆的情感"。这个定义适用于华兹华斯的诗歌，但并非每一种诗歌都是如此。温蒂·科普（Wendy Cope）就有不同的看法。

"诗歌……源于宁静中回忆的情感"[《抒情歌谣集》（*Lyrical Ballads*）序言]。这句话被人反复引用，似乎无人有任何异议。或许这么做是极不明智的吧，但我仍然想说，对此我或许另有看法。我心怀情感——认识我的人都能察觉——但严重缺乏可供回忆的宁静。且容我在这探讨中贡献绵薄之力，我认为："有时诗歌源于高度情绪化的状态下回忆的情感。"

我们都有情感。缺乏平静的心态来回忆情绪流转是我们的常态——尤其是我们有那么多时间都花在了工作上，可即使这样我们仍因为时间不够而倍感压力。

于是我有了两个想法。第一，以诗歌为媒介，让我们的工作生活拥有更多的情感。第二，通过对情感的探索，用诗歌来创造一种宁静的感觉。

第一个想法还挺重要的，因为我们都只在工作中展示着自己的一部分。这部分是外在的，但真正有趣的是内在的部分。我们能否找到方法，让自己在工作中呈现出更多内在部分呢？如果可以的话，我们的生活是不是就会更有满足感？工作需要投入情感，如果我们真能呈现更多的内在，那我们也许可以把工作做得更好，对吗？

第二个想法是关于找到或创造思考的时间和空间。我越来越意识到自己没有足够的时间来思考，但如果不思考，我就无法很好地完成我的工作。我们都需要思考，但随着我们越来越习惯于用既定的方式处理事情，我们也就失去了思考的习惯。公式——有时我们也称之为"经验"——就是我们基于之前的经验确认行之有效的方法。个人而言，我会逼迫自己想出不同的解法而不是依赖之前的经验。也许我们都该这么干，而诗歌可能正是我们找到新思路的一种方式。

关于诗歌，有个很重要的点你必须理解，那就是读诗并不是为了求一个确切的意义。我们每个人都会带着自己的情感和想法来读一首诗——这个过程中，我们会把诗中的某些东西变成独属于我们的东西。

诗歌与其他形式的写作不同。尽管它能帮你理清思路，但它本身与清晰明确无关。而且，奇怪的是，一首诗既可以是极度个人的（为诗人而写也由诗人而写），也可以是完全普适的。诗人将强烈的情感投入诗歌里，使我们每个读者都能以自己的方式与之产生联结。

我认为这就是雷蒙德·卡佛通过这首诗传递的东西。

诗

这个月他们每天都来。

有一次我说我写这些东西是因为

我没有时间做任何其他的事。

当然，是指更好的事，

比起单纯的吟诗咏句。

此刻我正提笔挥墨，

因为我想要这么做。

更重要的是，因为现在是二月，

通常无事发生的时节。

但这个月落叶松开花了，

太阳升起，

每天都是如此。

我的肺确实

像烤箱一样热了起来。

如果有些人正等待着另一只鞋落下,

那又怎样呢?

好吧,那就来吧。

来吧。

将它穿上。

我希望它像鞋子一样服帖。

足够贴近,是的,但要柔软,

这样脚才会有稍稍呼吸的空间。

站起来。四处走走。

感觉到了吗?

它将与你同去,

并伴随你至旅行结束。

但现在,光着脚吧。

到外面去待一会儿,再玩一会儿。

　　我开展诗歌实验,正是为了激发人们的情感与思绪。希望给出的这些例子能帮到你。诗歌的重要意义在于情感和思绪,可对大多数人来说——或许要追溯到学生时代——诗歌的核心是它的外在表现形式,比如韵律和节奏。伟大的诗人们常用这些形式来为自己的写作加入锦上添花般的意义和情感,但要记住，真正定义何谓诗歌的并不是这些外在形式。

如果有 35 人要参加这个实验，那我们将通过不同的方式品味不同的诗歌。有些诗会押韵，有些则不押韵。每首诗的格律也不尽相同——就是说，节奏会有变化。再给一个格外重要的建议吧：认真聆听——就像这些诗被大声读出来了那样，认真地听；就像你正在读给自己那样，在脑中认真地听。

我已经为你们每个人都选好了诗，是根据我心中你们不同的性格尝试与诗歌进行筛选匹配后的结果——但请务必不要过度解读。首先，我挑选的是以有普遍意义的诗歌为优先，并且符合两个原则——多样、发现。对那些抱怨着不如自己选诗去读的朋友，这也就是我的回答了。如果每个人都选自己喜欢的诗，我毫不怀疑，我们探索诗歌、发现自我的机会必定大幅减少。而且几乎可以肯定的是，整体的多样性也会变少。

发现和多样，也是"突破"项目开展过程中对我们来说很重要的词。

过一会儿，我将给你们每人一首我为你们挑选的诗。你们可能读过，也可能没读过。不管情况是哪一种，我都希望你们在未来几周内尽己所能地了解这首诗。领悟诗歌的意义并不是什么容易的事；它与翻译也不一样。甚至你在不同的日子里读诗，意思或许都有变化。

认真去了解你的诗。嘴上要大声读，心里也要认真读。每天都读这首诗。随着时间的推移，你理解的会更多、更深远。

如果你需要我帮你探索这首诗，我也乐意效劳。但别指望我会告诉你这首诗的意思是什么——一首诗，你理解的意思，就是它唯一的意思。

你的感悟，这正是我想听到的，也是我想读到的。一个月后，我希望你能写下对这首诗的想法。它对你意味着什么？它对你的生活有什么启示？关于你这个人、关于这个世界、关于你在这个世界上的角色、关于在生活中、在家庭中、在工作中对你很重要的事情，它是否为你带来了新的触动？它是否有个别的词句对你来说有了特别的意义？它是否改变了你的思考方式？以及，它是否对你自己的写作产生了影响？

也许，回答最后一个问题时，"答案该怎么写比较好"也是你需要斟酌的事情。我们要的并不是一份商业策划案。请你务必抓住这次机会，好好享受用文字表达情感，用文字延伸思路的体验。越尝试，你就会越喜欢它。

为了把我想讲的补充完整，托尼会给你一首格温多林·梅切温（Gwendolyn MacEwen）的诗。

让我把话说清楚

让我把话说清楚。

我从未写过任何东西，因为那是一首诗。

这是你对我常有的一个误解。

一个危险的误解。我保证，

我不是因为它是一首诗才写的。

你怀疑这是装模作样或故作姿态。

抱歉，事实并非如此。

你居然以为我会关心这首诗能否顺利诞生。

其实我并不关心这首诗是顺利诞生了还是没有。

你也不该关心。

我关心的以及你的全副心神该关心的是，

当你把眼睛从这页纸上移开的时候会发生什么。

哪怕只有一分钟，也不要以为真正重要的是诗。

诗不重要。

诗，你可以随意处置。

真正重要的东西在这之外，于幽深的暗中，

在漫长的光里，

呼吸。

诗歌实验的效果如何？35 个参与者把他们的诗拿走，与它们共同生活了一段时间。一小部分人觉得这个经历已经足够了，没有写任何反馈；有些人写了一点，内容也很简单，像是"谢谢你，现在我觉得这首诗是属于我的了"。其中有一个人表示自己每天都把那首诗当成"下班，要回家做照顾小孩的妈妈了"的过渡。另一些人则描绘了一种流动的状态：读者和诗之间的关系随着时间的推移、意义的变化而变化。有些人将诗与他们的生活联系起来，从其中收获了非常个人化的意义。有个人认为是他的诗让他戒了烟。还有人以极大的勇气袒露自己，让他们生活中的阴霾暴露在阳光下——诗帮助他们与之斗争。

我并不打算求太多，但确实被这次经历深深触动。然而，我却并不觉得这是一种该被复制的经历——至少不该同一群人重复经历。在我看来，它不应该被流程化，变成一个所谓正式的"诗歌俱乐部"，定期聚会，交换对诗歌的看法。我有意让这种活动变得更加打动人心，而我也成功了。现在我不想冒险破坏这个想法的瞬间的、如同雪花般存在的美。但我确信其他组织也可以体验这个活动，不管是从个人还是组织的角度来看，它都一定能带来一场态度上的深刻变化。

人的脑中总会出现诗意的瞬间。我们的总经理丽塔·克里夫顿（Rita Clifton）是 35 名志愿者之一，她对自己拿到的诗——马娅·安杰卢（Maya Angelou）的《我仍然崛起》（*Still I Rise*）——给出了相当热情的回应。诗意流转，最终在此地开花结果：丽塔问我是不是可以把我们公司的使命和愿景声明写成一首诗，并在英特品牌集团会议上使用。我拒绝了一段时间，因为不想成为特殊场合产出颂歌的公司用写稿机器。最后我用这种方式说服了自己：如果我能把使命／愿景声明的精神融入诗中，并且不使用任何原文，那么我就可以写。最终，在没有提到品牌的情况下——成诗。

每一天，

我们开始着新的生活。

我们是可能性的寻求者，

于不可能处寻觅无限可能。

我们知道我们能改变世界，

因为我们能改变自己看待世界的方式。

想想那些我们能完成的事。

我们可以，

因为我们相信自己可以。

敢想敢做，事无不可。

2004年，这首诗找到了新的生命和意义，让我非常开心。作为"大声唱响"（The Big Sing）倡议的一部分，这首诗变成了一首歌。"大声唱响"旨在提请人们注意音乐在教育中的重要性。结合作曲家亚历克·罗斯（Alec Roth）谱的曲，这首歌传唱于英国，各地学校内的数千名儿童演唱了这首歌。

21 周年
纪念版

第 3 章

他们——写给谁

所有这些都不会在最初的 100 天内完成，也不会在最初的 1000 天内完成，也不会在本届政府的任期内完成，甚至也许不可能在我们居住在这个星球上的有生之年内完成。但让我们开始吧。

——约翰·F. 肯尼迪（John F. Kennedy）

1
核心受众

这一章中，我将从受众的角度来谈写作。人们（尤其是那些经后天努力成为作家的人）似乎很清楚一件事，那就是你必须记住你在为特定受众而写作。这也是营销传播过程里的一个基本部分——谁是受众？

界定受众——或者至少在脑海中勾画一个读者的概念——对作家来说是很有用的。咱们都得记住，文字在被阅读之前是死的。

对受众的理解也会影响我们的写作方式和用词。有时，缺乏对真实受众的认识会影响我们的遣词造句。在和客户沟通的时候，有些公司可能会采用供应商的话术，因为他们很容易误判客户的理解能力，认为客户和公司内部采购人员一样明白这套语言系统。英国零售巨头玛莎百货在 20 世纪 90 年代就出现了类似的情况。它变得越来越自说自话。例如，它认为对顾客来说，面料制作上的细节比它是什么款式和好不好看更重要。因此，"可机洗"和"免烫"是比"好看"大得多的卖点。

　　在这种情况下，对公司语言产生核心性影响的是供应商。当玛莎百货想重获其市场地位时，它就得对公司语言进行调整，让顾客成为影响其行文的最核心因素。这可以用从图 A 到图 B 的转变来描述。

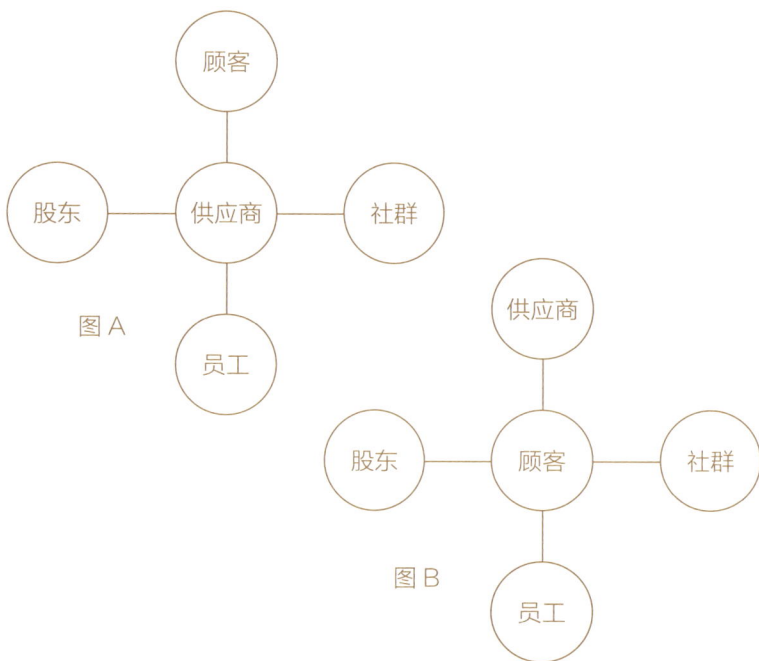

图 A

图 B

　　这两个图中的那些"卫星"受众群体也很重要，但并不是影响公司文字气质的最核心因素。其他公司也许也能分析出类似的图表，核心受众群体也各有不同。如今，大多数公司可能嘴上都在说把客户放在核心位置，但实际操作起来完全又是另一回事。例如，许多公司会把股东放在核心位置，为了满足这个尊贵的受众群体，公司文字气质势必会随之变化。你也可以举例子，无论想到的是世界上哪个地方的例子都行，也不一定非得是金融服务公司。

有时，公司故意把"不寻常"的受众放在他们的核心位置；公司文字气质受此影响，顺带成了品牌的辨识点。例如，广告公司圣路加（St Luke's）的核心位置上摆着的可能是"我们的自己人"——这是他们的创立之基、运行之本，也是它成功地将自己与竞争对手区分开来的原因。

因此，一家公司对其核心受众的理解以及它与该群体的关系，将对公司语言风格和品牌产生全局性、普遍性的影响。对于品牌，我们主要关注的是差异化；我们希望找到方法来表明，你在我们这里得到的体验与在我们的竞争对手那里的体验将全然不同。

我在一家品牌咨询公司工作。讽刺的是，即使从事品牌咨询，行业里的许多公司仍难免会犯我上面谈到的那种错误。比起说客户容易懂的话，我们更习惯说所谓的行话。那就让我打开天窗说亮话吧，是时候聊聊这种语言习惯了，当然，我承认，本书内的讨论并不能解决这个问题——但至少，作为本章主题的背景，先让这个问题暴露出来。

如上所述，我供职于一家品牌咨询公司。几年前，当时我们自称为企业形象咨询公司。世界在变，或者至少是我们用来描述世界的词变了。作为一家企业形象咨询公司，我们曾经花了大力气去强调这样的观点："标志不等于身份。身份识别不仅仅是你用来代表你的公司的视觉手段。"然后，我们致力于为该公司打造身份识别时，又避无可避地将重点集中在视觉元素上，例如标志、符号、颜色、字体、摄影或插图的使用。这就是视觉图像的力量。在这些方面下功夫往往也能为采用新视觉识别的公司带来深远的变化。

然而，慢慢地，形势清晰了起来。企业形象"不仅是一个标志"的观点不论是在设计行业内（因为许多设计师就是更爱也更理解视觉手段）以及在这个行业的客户和潜在客户里（他们中的许多人往往没有经验或想象力相对匮乏，不知道"身份识别"会浸入公司的方方面面），都并未得到大幅度传播。对大多数客户公司来说，身份识别不过是一种控制机制——"让一切都保持一致"——而不是释放公司创造性能量的催化剂。后来，被称为企业识别手册的大部头的册子被制作出来，把一切可以印上标志的东西都编进了进去——而且还对那些违反规则的人进行了严厉打击。

像我们这样的公司在当时则试图开创一种不同的企业识别方法，手段之一是比起使用"统一性"这样的词，更鼓励"多样性"。作为公司中没有受过专业培训的设计师之一，同时也作为一个对我们所使用的语言颇为关心的人，我负责撰写了许多描述这种身份识别方法的文字。作为一家参与过许多身份识别项目的公司（而且这些项目及企业的全球影响力还在与日俱增）——包括英国航空公司（British Airways）的项目、新合并的公司如法玛西亚普强公司（Pharmacia & Upjohn）和普华永道公司（Pricewaterhouse Coopers，PwC）的项目等——我们知道视觉图像有多么巨大的力量。但因为专业（被称为企业识别）的原因，我们仍不免经常感到沮丧，因为与我们的事业宏图相比，市场认知和我们的可操作空间实在是太狭窄了。就我自己而言，作为一名作家，看到一众公司并没有把自己的语言使用当成身份识别的一部分，实在是烦闷到不行。

1997年，我所在的公司，纽厄尔-索雷尔设计公司与英特品牌实现了合并。那是一次很好的合并，使两家公司的技能相得益彰。英特品牌的核心业务可以从它的名字中窥视一二。"品牌"是他方的关键词，经过一年的用语争论，现在我们都用品牌来描述我们的业务内容。我们仍然会用"识别"这个词，但通常在它前面加上"视觉"来细化表示例如标志、符号、颜色和其他图形类元素。然而，作为一个作家，我仍然对身份这个词有更多的感觉，因为它表示的是品牌的内在含义与外在呈现有着不可分割的联系。

不可否认的是，"品牌"这个词的含义在几十年间已经发生了变化。曾经，品牌是指被用来描述产品的名称和形象，如M&M's和保卫尔牛肉汁（Bovril）图片。

现在，就连拥有这些消费品品牌的公司也认为，最重要的品牌是公司本身。接着往下想，如果公司是品牌，而公司很显然是由人和产品组成的，那么对品牌的所有利益相关者来说，公司员工的行为自然代表着品牌形象。显然，如果我们要从最基本上解决品牌问题，我们就必须解决行为问题以及公司行为背后代表着的品牌的价值观问题。如果没有认真考虑品牌的"文字气质"，即通过代表品牌的人笔头和口头的文字来展示其价值观，你就无法达到自己的目标。

我用了"利益相关者"这个词，它是在20世纪90年代出现的。但我猜它可能不会存在太久，因为从某些方面来说它是一个有欺骗性且自以为是的词。仅因为我收到某公司的直接邮件，我就是它的利益相关者了吗？如果我是一个心怀不满的员工，我也是利益相关者吗？又或者，我被称为利益相关者，仅是因为公司想假装我和股东一样重要——但股东们对此却都不知情呢？

我想，最好还是回归到这样一个词上吧，一个已经存在了很久的、表达着需要一种沟通关系的词。我相信，"受众"才应该是我们需要多谈一谈的词，因为毫无疑问，任何品牌都希望自己的信息能被接收到。受众就在那里，准备听你说——

他们是客户、供应商、当地社区甚至是公司自己的员工。他们就是本书标题和本章标题中的"他们"。

品牌都希望自己的信息能传达出去——并且被人理解。既然这样，文字怎么可能不重要呢？尽管是这么个道理，但品牌的"文字气质"被重视仍然是近期才出现的事。这真的很重要，因为语言能发出信号，正确的或者错误的都有可能。它们正确与否，取决于听到或读到它们的受众接受它们的方式。无论是对是错我们都得承认，接收文字信息的方式的确有正误之分。

在本章接下来的部分，我将通过案例研究和与不同品牌合作的工作实例来展示文字气质在实践中是如何发挥作用的。下文案例中的公司都认识到了语言在与核心受众沟通中的重要性，但我认为他们对语言重要性的理解依旧是"正在进行中"。

2

文字是由字母组成的：皇家邮政

作为我的客户之一，皇家邮政跟我已经有快 20 年的交情了。但我们实际的关系则存在于我的整个生活中。我确信，在我出生后的第二天，某个友好的邮递员一定给我妈妈和爸爸送来了祝福卡片和信件。尽管偶尔有反例，我们仍然认为邮递员，不论男女，都是友好的。这种观念对任何品牌来说都是一种绝妙的资本和遗产。

多年来为皇家邮政服务（为教师和年轻人创建项目）的经历也让我加深了对这个品牌的热情。无论是通过走进校园的教材进行传播，还是通过举办有成千上万的年轻人参加的写信比赛，我都帮助皇家邮政展示了其对书面文字的支持与重视。关于这一点，教育需求和企业要求之间存在着一个令人高兴的巧合；作为一个以邮箱为媒介传递书面文字的组织，皇家邮政显然很重视笔头水平。教育这种利他行为和商业意识都对同一件事提出了要求——还挺罕见的。

你也许会怀疑，如今校园里的年轻的作者们真的还像以前一样写着信吗？电子通信——电子邮件也只是最近出现的一个竞争者——在 20 世纪一直都威胁着信件的地位。但令人惊讶的是，邮件的数量仍在增加。这也许跟我们有没有继续给对方写信没太大关系，但我们收到和读到的肯定比之前要多。所有的通信方式似乎都能相辅相成；电话的普及连带让邮件的数量增多了，反之亦然。

说到这里，很显然，皇家邮政正面临着比之前任何时候都要大的竞争压力（而这是一家有几百年历史的公司）。社会、教育和工作场所的行为变化是一种挑战；近些年，来自其他同行的直接竞争压力也日益加剧。此外，你还要琢磨如何维系与政府部门的关系，以及千万别忘了考虑是否改变公司的性质和所有权，从上市公司到私人企业，这个度该如何把握。众多需考虑的因素其实都反映着同一个问题：皇家邮政需要反复叩问自己关于其品牌的问题。它到底代表了什么？它是否需要澄清？它是否有能力应对不断变化的竞争形势？

1998 年时，我们需要进行一次品牌审计，项目小组的领导人是我。结果很明显，皇家邮政品牌的许多表现形式都不能更改。皇家邮政的标识，也就是那个带有皇冠图案的标识，已经几乎实实在在嵌入了英国各地的基础设施里。许多公司都幻想着能"拥有"一种颜色，而皇家邮政已经通过其无处不在的货车和柱状信箱，与红色产生了强于其他任何人的绑定关系。

结论也很明显，即使公司在视觉识别的使用和管理方式上存在问题，但品牌的视觉图标早已深入人心。

我们的主要对接人是一位强势而态度坚定的女性，她叫黛博拉·吉尔德（Deborah Gildea），是皇家邮政的品牌管理负责人。黛博拉深知品牌问题细节而琐碎，但她并未被每天都在侵蚀品牌的海量细节问题吓倒。问题花样百出，可能是被撞坏的车辆、邋遢的制服、寄错的信以及经常令人震惊的劳资关系（尤其是当问题涉及分拣和投递办公室的一线员工时，情况更甚）。

当然，说得好听不如做得漂亮。皇家邮政期望自己的员工如何对待客户？皇家邮政的经理们又是如何对待员工的？这些宏大的议题品牌审计是无法解决的，只能强调其重要性，希望能引起重视。解决问题的关键在于从行为上做出改变，要让人们能因为在皇家邮政工作而感到自豪。但这样的改变绝非一朝一夕就能完成。品牌项目是几个变革项目中的一个，它们的共同目标是把公司向更健康的方向推进。

作为品牌审计的一部分，我们在考察皇家邮政的通信时得出结论，皇家邮政可以在不改变品牌的任何永久性视觉元素的情况下，从根本上提高其印刷材料的质量。改进方法之一是对其文字气质给予更多的重视，确保皇家邮政的书面和口头用语能展现出我们品牌审计中确定的那些核心的、与众不同的价值。简单地说，就是要写得更好些——要用一种"能把你想展现的品牌价值统统展现出来"的方式去写作。

当然，这种方法实现起来也有难度。负责皇家邮政印刷内容写作的人不一定是好作家。就像许多其他机构一样，文字是被忽视的部分。人们总是更关心这句话有没有把事实和信息传达出去，但要想做到有效沟通，情绪的使用很重要。即使请外包公司编写材料，那些设计师写手们也知道他们得在材料里写上些能让他们的设计看起来很不错的话。

黛博拉·吉尔德请我给皇家邮政的传播主管们和来自现皇家邮政设计的代理代表们（这些代理机构是大批解约或更换后留下的）做一个分享。以下就是我关于皇家邮政的文字气质与他们沟通的内容。

亲爱的黛博拉：

非常感谢你邀请我今天来发言。我想我应该给你写一封信。你知道的，我方建议皇家邮政的文字气质应该要像一封没那么正式的信那样……所以我想这么做应该还算合适。

虽然这封信是写给你的，但我已经把它复制并发给这里的所有同事。还有就是，虽然收信人是你，但这并不是一封很私人的信——毕竟你代表的是整个皇家邮政。

真的非常感谢你能来邀请我，毕竟正如你所知，我对文字充满热爱。

而且我认为皇家邮政也应该这样。毕竟文字与你们的业务息息相关。

我一直坚持一个观点，我也反复说过：如果这个国家里有什么公司需要真的重视写下来的字句，那这家公司便会是皇家邮政。书面文字是你们的业务，而你们未来的业务也取决于人们是否认同"一封信能最好地说明一切"这种观点。

我希望你能做到——也希望我们所有人都能做到——践行我们所宣扬的东西。我们多长时间给对方写一次信？我与皇家邮政合作多年，但从皇家邮政收到的信件比从我打交道的许多其他企业收到的信件都要少。这是为什么呢？是对自己从事的这种传播渠道缺乏信心吗？我们都需要对它有信心，我们也都需要相信，作为宣传你方品牌的一种重要方式，文字的力量不容小觑。

但别听了我的话就满足了。文字很重要，文字是商业的核心。正如管理界的权威詹姆斯·钱皮（James Champy）所说：

商业是由想法组成的——用文字表达出来的想法。

现在我们都知道了，文字并不总是能很好地传达想法。如果用词不当，它们也许会让我们感到困惑，会误导我们，甚至让我们完全理解不了正确的意思。下面我将展示在过去几个月间从皇家邮政收集到的例子。

我从《东南新闻》（*South East News*）上看到一个让我很感兴趣的新闻：皇家邮政现有一个创伤护理计划（Trauma Care Programme，TCP）。其中显示，"最直接导致创伤的行为是人身攻击或暴力辱骂"。

也因此，我们可得知，语言能造成创伤，能损害一个人的健康。但我也相信，语言能让一个人变得更健康。这两种情况我们都来讨论一下。在年初开始品牌审计工作时，我们的关系并不密切，要形容的话更像是合规合理；这也是当然的啦，毕竟我们签了合同。

合同中的一些条款是："该合同是指皇家邮政和承包商之间关于提供设计服务的协议，该协议应受合同总则约束，并可能包含一个概要、说明或提案以及其他特别条件。"

少安毋躁，我知道这是法律规定，等等，但我们也的确被要求签署使用着这种语言的合同——还长达 15 页——而我们中的大部分人对里面的内容其实一个字都看不懂。

这又有什么关系呢？毕竟，这是律师与律师之间交涉的内容罢了。但我认为它仍有值得在意的部分，举个例子，如果品牌特征是以"帮助关系"为核心，那我们就应该以此为出发点——尽可能地努力了解对方。而且，品牌的意义和影响力不能在到某些部门的时候就停止运作。

总之，让我们把合同里的那些条款先放一放。对我们大多数人来说，简报才是一切工作的开端。你的简报写得有多好？诚实的回答应该是"看情况"，我也欢迎各位把自己的想法分享给我听。我的个人观点是，简报就应该如同它的名字——是一份简报。人们不该试着把一份简报写得面面俱到。

我们有份简报里说："所有事情都要传达。"那这时候该不该说一句，宇宙之谜的终极答案是"42"，这样是不是够涵盖所有事情了？

这句话说出来很简单，只是它想表达的意思让人看不太懂。有些时候，简报里的用词就很让人困惑。例如："在矩阵文化中运作的行为方面需要予以陈述和'感受'"。

这话该怎么理解？将词语垒砌起来是很危险的，它会给管理咨询者呈现一个光鲜的假面——话说一堆，有用的没几句。我们的品牌审计报告总是"越简单越好"，因为它就是一系列针对皇家邮政的普适性建议。再看看这句："可以预期该模型为仅供皇家邮政使用而开发的模型，并非基于某个由他人掌控的现有模型进行修改。"

懂了，你希望这个模型是你的。越简单越好。

写得复杂的部分原因是觉得要让它读起来"重要"。我希望皇家邮政的诸位不要过分追求这样的写作风格。

拿腔拿调的一个明显标志是爱用被动句而不是主动句，还有避免使用人称代词。但与其说"按……预计"，不如直接说"我们预计"。

当然，还有其他的例子。"utilisation"和"utilize"[1]是皇家邮政最喜欢的词，为什么不直接用"use"呢？在你明明可以"做"某件事的时候，为何一定要"担负"某事？把"我们觉得"硬要说成"……的展望"是不是太浮夸了一些呢？

这些只是一点建议，并不是非得当成行为准则；还记得吗，这只是一封基于观察写出的信。

当皇家邮政展现出了更轻柔的笔触和它的幽默感时，我高兴坏了。就像"你的新形象"手册里的照片展现的那样：一个穿着新制服的邮递员，身后的田里还有几只羊。旁边配的文字是："一看见这个我就想到了母羊/你"[2]。能拿自己打趣是一种很好的品质。

当你打算写点什么，然后，比如说，投稿到《商业》（*The Business*）这样的报纸上时，你们也许会被自己的僵硬死板所拖累，更糟的是，这还会让你的文章变得难以理解，丧失幽

---

[1] 三者的意思均为"用"，前两者偏书面语，后者偏口语。——译者注

[2] 此处是一个谐音梗，"母羊"（ewe）与"你"（you）的发音相同。——译者注

默。来听下这个："在完成最初的声明后，参与范围正在被扩大，以获取皇家邮政的其他主要利益相关者的意见。"不错，你在问人。接着是："完善的战略声明将成为皇家邮政的工作方式、管理方法、规划过程的调整和组织发展的基础，为确定的业务方向提供支持。"抱歉，从这里开始我就看不懂了。我是故意用的"听"这个字。这里有一个我坚信的建议——写完东西之后把它通读一遍（按你喜欢的方式来，在脑子里过一遍也行），边读边听。感受一下，嗯……比如说，最后一句话读到一半你就已经气喘吁吁的样子。记着，"你"是指读到这里的每一个人。

如果你觉得这些话听起来像是在批评皇家邮政，其实也不算错——不过，并不是只你一家有这个问题，或者说，你的竞争对手们在这个方面的表现也没好到哪去。这是一个获得竞争优势的机会，只要关注这一点，我们就可以做出巨大的改进。

你们的竞争对手有敦豪快递（DHL）、联合包裹服务（UPS）和天递快递——鉴于皇家邮政也喜欢用首字母缩写，其实让我觉得还挺讽刺的。请务必注意，你们的内部行话、缩写和首字母缩略词，大众并不认识。对 DHL、UPS、TNT 来说，及与皇家邮政相比，RMN、RMS 和 RMI 根本无一战之力。

我看到提交给"熔炉"（Melting Pot）（你方的建议计划）

的其中一个想法是:"把所有皇家邮政的缩写以及它们代表的含义整理成一份清单。"这个主意好也不好。想象一下干成这事儿要花多少页纸,编出的书得多厚。这显然与你们节约用纸、保护环境的政策相悖——回忆一下我们的口号:"拒绝、减少、再利用、再回收。"

又比如,这些缩写你能看懂吗? MIPP 是指"集成产品渠道管理",KIM 是"关键接口措施",BER 是"卓越业务审查"。所有这些都出自 UX,也就是卓越单位(Unit Excellence)。我认为,要是能把这些缩写都去掉就再好不过了。是的,"干掉"(ko)而不是"容忍"(ok)。

缩写的问题是,它们既无个性也无人性。我在皇家邮政看到过"人事变动经理"(People Change Managers)。我不确定这是个工作头衔还是一句革命性的口号,但它显然是"人民项目"(People Project)的一部分。

公司里能有"人民项目"是件好事,但我们能不能先试着把人当真人看待,用"人话"来沟通? 一众英雄的男女们每天都在建功立业,也得到了相当的肯定与褒奖。"威廉·克莱基(William Cluckie),邮递员中的牛顿,他将自己打扮成邮差叔叔(Postman Pat)的模样,竭力为癌症救济筹集资金。"他绝对应该因此得到一枚奖章。

但与之相比,我们并没有真的在关心 A. 拜尔斯(A. Byers)、

M. 约翰斯通（M. Johnstone）、J. 马尔斯（J. Marrs）和其他许多人；我们连搞清楚他们的名字到底是什么的兴趣都没有。

一切都以人为本。我们要去真的关心人，就像品牌的关键价值倡导的那样：我们必须关心人。无论对方是不是公司员工，我们都必须关心他们的需求。他们当然需要被理解，被关怀。

让我用我们编的一本小册子里的内容来简单做个总结。这是一本展示"文字能带来怎样的变化，尤其是文字与优质图片巧妙结合，效果更佳"的册子。

这本册子曾经被称为"我们的服务标准"。在那个时候，敢用"我们的"也许就已经是一种突破了。随后我们把这本册子重新命名为"我们想帮你"，这样能清楚表明我们的目标。

整本手册都没有采用以前那种经典的版式化标题——例如"我们的服务标准""我们的补偿政策""我们的服务条件"等——取而代之的是用对话式的语句将你引导至主文案——"你期待着可靠的服务……当然，你理应得到这样的服务"。

这本册子的撰写并不容易，因为涉及的人太多了。我们必须与法律部门和消费者监督机构邮局用户全国委员会（Post Office Users' National Council，POUNC）去确认这些表达是否可行。邮局用户全国委员会的一个评论是："本节内容有点'散'，导致看不太明白 RM 需要做什么。"（注意，这里还有

个缩写词 RM 跑了出来）

这条评价反映了问题的核心。它到底是一个法律文件（如是，即普通人难以读懂），还是一个关于客户服务改进的可行性方法合集呢（如是，则我们必须确保客户能够读懂)?

我们认为它更偏向于后者，而并非前者。我们并不认为这本册子是在给它的读者"提要求"，而是在探讨为了帮助客户，皇家邮政该做些什么。

这样的选择是有道理的。我们在伦敦客户服务中心（London Customer Service Centre）花了一天时间与人们沟通，从而确认了这一点。聊过之后，我们决定直接引用他们的发言并署上他们的真实姓名（当然已征得他们的同意）。

丽莎·迪尼克（Lisa Dinnick）说："我每次都会确保打电话的人知道我的全名。要知道，这个世界上跟我同名的人少说也有 200 多个吧，那么多个丽莎……"这些发言并没有仅仅作为一句普通的陈述被随意塞进文章里，我们以一种个性化的方式把它搭配成朱莉·利文斯顿（Julie Livingston）观点的例子："得到客户的评价总能有所帮助。"

外界的声音一直存在。他们是真实的人，以真实的人说话的方式说着话——这也是皇家邮政在书面表达上需要学习的方式。我们需要想办法在我们手上的所有项目中都强调这一点。别忽视文字——我们负起责任来，一起努力让文字发挥出它们最大的实力。

咱们内部的人也要尽可能地互相帮助。例如，客户服务中心的人在与客户电话沟通时，他们通常能处理得非常出色。但比如说，我们能不能从他们要填的表格入手，给予一些帮助与支持？我们员工都要填写这样一个表格："请说明原因 / 问题，以及你采取了什么行动来应对这个问题 / 失败。"这种死板又无人情味的提问风格只会立刻被人以同样的风格回敬。

别搞得太复杂。我们应该问："哪里出了问题，你是怎么处理的？"

我就说到这里吧，以这个问题来结尾还挺合适的，也希望大家都能真的勇于挑战，也真的去努力改善。

衷心祝福！

约翰·西蒙斯

我不敢说自己凭一己之力彻底改变了皇家邮政的文字气质。它是英国最大的公司之一，有几十万员工。让我们以 20世纪的、稍显老派的语言来动员这场变革："以宣传，促变革"。这场文化变革是低调的，它以极尽隐蔽的方式进行，并从中心开始逐渐向外扩散。并且，仍在继续。

3

让文字凸显出来：盎格利亚铁路

在 20 世纪 90 年代英国铁路私有化之前，我们已经与城际列车公司（英国铁路的长途客运服务）合作了很多年。我们在城际列车公司的客户之一是安迪·库珀（Andy Cooper），在私有化铁路公司的新体制下，安迪成为盎格利亚铁路（Anglia Railways）的总经理，该公司火车运行的线路在伦敦——利物浦街和诺里奇之间的主线及东盎格利亚各地的支线。

在总经理中，安迪算个特例。他是真的相信文字很重要。像所有当时刚私有化的公司的总经理一样，他要负责推进一个成本有限的业务，然后他选择了投资于文字。所幸盎格利亚铁路的客户服务总监蒂姆·克拉克（Tim Clarke）也相信如果公司能更有效地使用文字表达，应该能给客户带来更好的体验。

因此，我收拾行李，乘火车前往东盎格利亚，在车站与人们聊聊天，听听火车上的广播，看看信息显示屏，读读传单，还和盎格利亚的工作人员说了话。曾任城际列车公司总经理的约翰·普利多（John Prideaux）喜欢以"我喜欢火车"作为他的演讲开场白。我也喜欢火车。但是，火车站里的沟通状况不太对劲。雅克·塔蒂（Jacques Tati）执导并主演的《于洛先生的假期》（*Mr Hulot's Holiday*）开头的场景就以一种相当准确而有趣的方式把它表现了出来：乘客们在站台上等车时，站里发了一个让人听不懂的广播，接着有人好像听懂了般带头冲向对面的站台，结果火车停在大家之前站的那个空站台，最后，腹内空空的火车开走了。给你个挑战，怎样才能改善这种情况呢？基于我对火车的喜爱，我愿意接受这个挑战。在研究之后，我向盎格利亚铁路提交了以下报告。

沿路的发现

与盎格利亚铁路的员工交谈时，我就一直在收集笔头和口头文字的例子，从客户信件到车站的显示屏，从列车广播的脚本到印刷出的推销材料，从培训文件到员工报纸。

基于个人观察（而不是什么全面竞争分析），盎格利亚铁路在这些方面相对来说做得还是很不错的。事实上，你们会想要进行此类调查并研读报告，就已经说明你们对文字气质的重要性有充分的认识。但更重要的是，你们已有的系统也证明着你们的承诺：一年内有 22000 名客户与你们联系，你们也给出了 22000 份书面答复，书面沟通的重要性无须赘言。

但当然，还有改进空间。

从根本上来说，这与你们的文化有关。如你所知，文化层面的变革很有必要，但推进难度不低；毕竟没人做好了接受改变的准备。而且，就拿做研究的短短几周内的情况来看，我并没有在旅途中看到任何相关公告，对变革的抵制其实是很明显的。例如，如果身处一线的火车司机都抗拒通过广播与旅客交谈，那么很明显，要实现"让团队合作和客户服务被当成企业的驱动力"这个目标，该做的事还有很多。

人们对禁止使用方言这个新规定是有抵触情绪的。
他们都觉得"我做不到"。

因此，在实现改善文字气质这个目标的过程中，我们要务实。不见得一定得一个接一个赶紧做完，但要按步骤认真执行。我把这些步骤做了个总结：

- 处理那些有损你文字气质的实际问题（你们的广播系统需要更新）。
- 优化书面语，把它们变得更亲切一点——包括你们的信件用语（微调）和广播稿（大改）。

- 通过训练，让人们更适应文字（包括书面和口头）这种表达方式。

- 清楚地表明态度，这是一个与核心服务及业务问题（例如客户关系和团队合作）绝对相关的内容。

- 定目标，承诺要在文字使用方面成为行业领头羊——将文字变成你们身份识别的一个关键因素。

- 阐明你们文字气质背后的想法（首先肯定它的重要性，再表明为什么它对盎格利亚铁路来说是独一无二的）。

- 找到传达这一理念的方法——并不断寻找新的表达方法来继续发声。

⚑ 稍微停一停

至此，我已经飞快地完成了一整套动作，有点像老电影里的那种"从伦敦到布莱顿的 5 分钟火车之旅"。让我们放慢脚步，回头再聊聊关于火车旅行和盎格利亚铁路的一些想法。

首先，与其他私有化的铁路公司相比，你们的位置稍显特殊——拥有一个明确的运行区域。这给了你们一个可以在未来进一步发展的优势。

其次，铁路旅行有其自身的特点，而且现在，火车的地位正在提升，它被认为是一种具有真正优势的旅行方式。如

果政府逐步偏向从政治和经济的角度来看待火车的优势——与
公路建设相比，铁路更有环保方面的好处——其他主要受众则
从生活质量的角度来看待其优势。对商务出行旅客来说——
"坐火车压力更小，效率更高"，而对休闲 / 常坐火车的乘客来
说——"我更想要一个能放松，享受的旅程"。铁路旅行就比
单纯从 A 地到 B 地的交通方式好得多。

想抓住机会，盎格利亚铁路就要真的认清现状并且把自己的理解付诸行动。要怎么做？答案首先是你们对于理解的表现方式——要在不同情况下清晰、明确地使用恰当的词汇。然后还要把"享受语言表达，努力促进其发展，让语言表达成为本公司与其他公司区别开的重要因素"当成自己的目标。

✒ 开始一段旅程

上述内容背后的假设是，铁路旅行能成为、事实上也应该是最轻松的旅行方式。与它的主要竞争对手汽车和飞机相比，火车带来的焦虑感和不适感都相对更少。

但铁路旅行有其自身的焦虑。认识到这一点很重要，因为认识到问题才能解决问题。

航空旅行给人们带来的焦虑是是否能安全抵达目的地。飞机上之所以设置沟通环节——例如视频及机组人员演示安全程序，旨在汇报与安抚的机长广播——也是为了平息这种基本的焦虑。如果没有意识到乘客这种焦虑情绪的存在，那客户服务可能也不会朝更积极主动的方向进行优化了——就比如这句："您需要饮料、耳机、花生米或者其他物品吗？"

铁路旅行带来的焦虑是另一种类型的，它不那么强烈，但很普遍：人们主要担心的是能否在正确的时间抵达正确的地方。搭错飞机飞到错的目的地几乎是不可能发生的事，但上错火车或者下错站就容易多了。

"哦，波特先生，我应该怎么办？我想去伯明翰，但他们却把我带到了克鲁……"

　　我们应该怎么解决这种焦虑？这里有些简单的办法可供参考，都是与文字的使用有关的。比如：

- 在车门关闭之前，火车出发之前，都要发布公告："您乘坐的是 10:45 开往洛斯托夫特的列车，在威斯特菲尔德等地停靠。"这样可以避免乘客误乘 10:41 开往费利克斯托的车（发现误乘也可在威斯特菲尔德下车）。

- 列车停靠在某个车站并驶出后播报"本列车将停靠在……"或"前方下一站是斯托马基特，将于大约 15 分钟后抵达"。

- 在提供的服务中，每辆车到每一站前都有一个广播预告。例如："我们将在 5 分钟后到达伊普斯威奇。5 分钟后到达伊普斯威奇。"这句播报应当简洁明快——不需要加什么华丽的辞藻。而且这个播报，理想情况下，最好由司机完成。这样能营造一种更深刻的印象，即本次列车可靠地掌握着对乘客来说最重要的东西——目的地和时间。乘客也会更有安全感、更踏实；因为你已经给他们提供了他们需要的信息。

我知道这些想法会遇到一些实际操作上的问题——工作该怎么安排，时间要怎么分配，而且更重要的是，当你试图通过新操作取悦新乘客或者不常搭火车的乘客时，有可能会让常客们感觉不适。对此我的观点是，如果发布的广播能保持简明扼要的风格，乘客们就不会被激怒——他们会筛掉自己不需要的信息。

♦ "您需要茶点吗？"

一旦乘客认为火车公司总是在从公司的角度（例如，为了赚钱而贩卖"茶点"）发广播，而没有多为乘客着想（让乘客能准时到达目的地），他们就很容易生气。火车上的许多乘客并不想从手推车上或在餐厅车厢买东西，他们想的就是赶紧到目的地。

因此，使用恰当表达方式去发布餐饮类的广播就很重要。它们不能惹怒乘客，还要完成自己促销的任务。如果能处理得好，一定大有裨益。

广播用正式稿件的优先级设定是正确的——指挥类优先，餐饮类其次。稿件不是非得写成用于播报的逐字稿，但基于这类稿件都有一个明确的使用目标，所以除非有特别理由，一般还是要写成能严格遵照稿件朗读的版本。

如果你们的广播用稿是完美的，那就没问题了，但它不是。在我看来，这不像是与英国铁路公司有渊源的公司会写出来的稿，其中甚至时不时还带出点官僚主义的腔调。如果写出一种日常说话的感觉，工作人员读起来会更顺，旅客也不会感到厌烦。建议稿件可以用更平实的语言风格进行重写，我来提供几个例子：

现用表达	建议表达
购入	买
饮品	饮料
向我们提供您的意见	请评价
我们很高兴地通知您，我们将在火车上提供全套的自助餐服务	今天我们有全套的自助餐服务
我们为您提供……	我们有……
……也可提供	我们还有……
我们期待着再次为您提供服务	我们希望能再次见到您

现用表达	建议表达
如您能协助及时摆放行李、保持过道畅通，我们将非常感激	请及时摆放行李，帮助我们保持过道畅通

你们目前的语气更像是尤拉·希普和 20 世纪 60 年代欧点（Odeon）广告的合成物："想饱餐一顿或者只是吃点零食，我们剧院餐厅都竭诚为您服务。"

回到正轨

让我们回到前面给出建议步骤的地方。

- 处理那些有损你们文字气质的实际问题。

你们列车上的广播系统很落后，尤其是本地列车上的那些。一般情况下广播的时候都听不见。

- 优化书面语，把它们变得更亲切一点。

你们的信件表达总体上是好的，但也可以改进。当然，许多信件需要按照统一标准书写（毕竟一年有 22000 封，不可能给出这么多版本），但对每一封标准信件进行微调和精修，消灭其中偶尔的僵硬感，这是一件值得花时间做的事。这件事可以由现有的客户关系人员组成工作坊来一起完成。火车上播报用的稿件有更大的改进空间。这些都该尽快修改。

● 通过训练，让人们更适应文字这种表达方式。

现有的培训材料和计划都是好的，其中，对客户服务的关注营造了很好的氛围，让人们开始从客户的角度思考问题——"客户想知道什么"，而不是"我想告诉客户什么"。在现有材料中增加文字气质相关的内容，增加关于有效沟通的训练——现在的沟通方式废话太多、效率太低。

● 清楚地表明态度，这是一个与核心服务及业务问题绝对相关的内容。

如果"我们的员工代表着不同"，那么他们必须从说话和写作的方式上展现出这种差异。对一些人来说，被要求跟客户沟通已经足够在他们心里构成文化冲击了。我在报告里看到过，比如说，司机们只顾自己，觉得与乘客沟通不是他们的责任。但我相信司机是火车上发布某些信息的最佳人选——信息发布者这个角色也会提高他们的权威性。但同样地，每个工作人员都会与客户产生交集（其中就涉及用语言进行沟通）。所以文字气质不是一个只有少数人需要关注的问题。

● 定目标，承诺要在文字使用方面成为行业领头羊。

口头立誓说你会重视文字气质并用它改善客户关系是一回事；认真考虑、仔细谋划后把文字气质作为抢占制高点和获得竞争优势的一种方式，进而在这一块下功夫，则是一种更彻底的行动。在铁路行业内，还没有谁做到过。但你可以。

让它成为你品牌的核心。

- 阐明你们文字气质背后的想法。

我们想要一种友好的、平易近人的、能表情达意的文字气质，这话说起来太容易了，也太泯然众人了。这些都是很好的品质，但每个对客户服务感兴趣的公司都会试图让自己的文字气质带有这些品质。

> 如果你要为自己创造一些真正的差异化，你需要挖得更深更远。

首先，你必须承认差异真的很重要。

不能只是把计划挂在嘴边，你要真的行动起来，去营造真正的差异感。这种差异感会成为一种理念，深深扎根进公司里。这份理念涉及一个核心问题：你想成为什么？而寻找答案的过程将推动你完成很多事情，包括影响你说话和写作的方式。

让我们以年报中你们的话为起点，试着定义一下这个理念：

"盎格利亚铁路公司的火车服务是构成东盎格利亚区域服务的一部分。我们希望在当地发展中发挥关键作用，与我们所服务的民众及社区合作，鼓励火车出行，促进本地区的繁荣。"

换句话说，你们不仅是一家火车公司，不仅仅是往返于诺维奇和伦敦的车与人。当然，你们想推广自己的产品——火车出行——但要注意，这个行动背后有一个指引性的目标，那就是丰富人们的生活。

这与前面讨论的火车出行的基本优势相吻合。我们可以这么形容："人们在火车上有更多的时间去思考，写作，阅读，交谈——以及如果他们想，那时间也能拿来睡觉。"因此，你可以说，你们是在帮助人们——你的客户们——更好地利用自己的时间。

而人们能更好地利用时间的方式之一是发展自己的沟通技巧——或者至少是有更多的时间来练习这些技巧。包括阅读、写作、谈话的技能，总而言之，语言的使用能力。

练习后，这些技能才能为你所用。作为一个铁路公司，相信语言的价值是很自然的事。语言是一种促进因素。它使人们能够从生活中获得更多，更充分地利用自己的时间，在"当地发展中发挥关键作用"。

容我提供一个强有力的观点，对你们的客户和你们来说都有用处。

找到传达这一理念的方法——并不断寻找新的表达方法来继续发声。

让我们把这个理念定义为"使人们能够从生活中获得更多"。我们通过我们的产品——火车出行——来实现这个理念：让人们有更多的时间阅读、写作、倾听和交谈。

我们面临的挑战是，如何通过做一些特别的事情，找到传达这一理念的力量和独特性的方法。

我对盎格利亚铁路公司可以做的"特别的事情"提出了一些具体建议。

我的主要建议是：明确表达出你们对文字价值的重视，表达你们喜欢文字带来的各种各样的东西，并将这种对文字的兴趣当作你们品牌个性的一个关键组成部分。

一种独特的语言使用方法可以像颜色一样成为身份识别的突出元素。它可以为你所有的沟通增加价值，它本身也可以促成许多具体的活动。

正如我前面所说，盎格利亚铁路公司是一家有成本意识的公司。在这里，大部分建议被推迟或搁置，有些则能得到实施。我们与客户服务部门一起成立了文字气质工作坊。安迪·库珀去了另一家火车公司。我们做了一些调整，但我仍然坚信，整个运输部门都需要对其表达方式做出彻底改变。我认为 20 世纪 80 年代时，他们把"乘客"这个称呼改为"顾客"的行为就是一个骗局；我肯定不是唯一一个这么想的火车乘客。而说到航空出行，实话说，想通过机上环境来区分不同的航空公司几乎不可能（大多数航空公司甚至连飞机都是一样的）。我们本可以通过口头和笔头文字来赋予各个航空公司更多独特的个性，这个机会也因忽略而被浪费了。"新航空姐"（Singapore Girl）多少提高了点人们的期望，毕竟其优质服务的一部分是为你提供更准确体贴的表达。但是，为什么这么多航空公司如此冷酷地坚持提供没有感情的服务？也许是因为他们在中大西洋地区花了太多的时间。

在确立自己的特色方面，盎格利亚铁路公司有一个明显的优势，那就是它运营的地理范围界定明确。企业与其客户有一个天然共性，即他们都来自同一个地区，但这也注定会带来某种风险——企业变得短视又狭隘。这也挺讽刺的，毕竟全球的大公司都拼了命地想把自己表现得"既全球化也本地化"。接下来的例子讨论的则是一家全球性的公司，它基于个人关怀和关系的力量进行商品销售。

∽ 4 ∾

通用工程：空气产品公司

销售空气听起来是一个不太靠谱的提议，然而有些世界上最大的公司就在做这件事。空气产品公司（Air Products）销售工业气体和特种化学品，其总部设在美国宾夕法尼亚州的阿伦敦市。就是这条路上住着阿米什人（Amish），正如电影《证人》（*Witness*）中演的那样。这里是美国的一个保守区，而从表面上看，空气产品公司也是一个不可能与"品牌"和"文字气质"等概念有太多联系的公司。不过当然了，与盎格利亚铁路公司不同，空气产品公司并不想被当成一家地域性的公司，它可是在世界各地的市场都有业务的。

我与空气产品公司的第一次接触是他们在伦敦附近的英国办事处安排的一次会议。其欧洲传播总监约翰·多兹（John Dodds）召集了他的两位同事，与我讨论公司"全球应用开发"（GAD）业务。两位同事中的科林·史密斯（Colin Smith）是英国人，塞西尔·柴别洛（Cecil Chappelow）是美国人，他们都是工程师。无论我是什么，我都不是工程师。他们想让我写一本介绍他们空气产品公司的部门介绍手册。看来这场会议应对起来应该不太容易。

　　我完全听不懂那些术语和行话，但也许这并不是件坏事。因为这迫使他们要想办法让我明白他们究竟在做什么。这就很像跟客户密切合作，一起寻找在制造过程中使用工业气体的新方法。还有一些关于人的故事，听起来很有趣的那种。我有一种强烈的感觉，一本"小册子"并不能说明这个企业的情况。会后我交了一份提案，说服他们让我对企业进行更深入的了解，最终考虑拟出一个更全面的沟通方案。

　　毫无疑问，一切都听起来比实际做起来要容易得多，但空气产品公司的人采取的方式饱含着某种令人耳目一新的开放性气质，也让我强烈地感觉到他们的诚恳与正直。出于对这群真诚的人的关注与在意，我的态度逐渐由有些抗拒转变为主动参与。这种转变也能从我写的提案中感知一二。如果你对你所写的东西有信心和热情，那写出的东西也总是会更有说服力（但如果你没有这些情绪，那就需要通过一些方法从写作中激发出热情才行）。

　　全球应用开发项目的圆满成功为一切画上了句号。我向他们介绍了一种工作方法，基础是认真倾听并留心一些人在关注什么；他们也完全接受了这种方法。我提出的建议——不是编一本小册子，而是开展一系列基于空气产品公司员工权威和知识的交流活动——似乎给他们提供了新思路：关于如何看待自己以及自己所做的工作。这些想法最终被总结成一个牛眼图（即嵌套环形图）。

对将这种方法沿用到空气产品公司核心业务里的可能性，约翰·多兹尤其感到震惊。我被邀请到阿伦敦市，与那里的员工们见面，并亲眼看到公司中心运作的样子。在阿伦敦市，我再次感受到了我在全球应用开发项目人身上感受过的那种开放性。这家公司对品牌管理等问题的处理方式也许没那么老练，它的学习欲却相当令人惊讶。"我们的竞争者们会吹牛。我们不会"。这是在谈到空气产品公司的方法时，有人对我说的一句话。这句话几乎成了每次谈话中都会出现的口头禅。我很欣赏这种拒绝吹嘘的态度，但我并不认为向别人介绍自己就是吹嘘。空气产品公司肯定需要更多地沟通与传播，来告诉世界它在自己的领域里真的非常出色。

通过我与全球应用开发项目开展的工作，我实则已经在这个特定的业务领域确定了其品牌识别。这个领域则恰好代表了空气产品公司最真实、最优秀的一面，我觉得这个品牌识别可以适用于整个公司。但是，作为一家由工程师组成的公司，还是有必要对这些定义进行全方位的测试。也因此，一个大型研究项目开始了，范围涵盖空气产品公司在美国、欧洲和亚洲的员工、客户和潜在客户。

这是我参与过的最大的研究计划，我还被邀请加入负责管理该计划的团队，也感受到自己得到了多么深厚的信任。我的职责是评估和阐释研究内容，将主要基于数字的研究结果转化为人们可以理解和诉诸行动的文字。

这项研究花了好几个月才完成，但所幸在研究结束时，整个团队都能就结论达成一致。这项研究评估了 3 个"品牌主张"，这些主张来自内部讨论组和我在全球应用开发项目开展的工作。每个主张都得到了团队的认可，也在客户和潜在客户中进行了测试。首选的主张是对客户有最大吸引力的主张，也符合客户眼中的"真实的空气产品公司"；它也与我最初为全球应用开发项目归纳的主张十分相近。

随后，我们被要求对其效果进行展示：当主张作用在空气产品公司的创造性工作中时，能如何实现与许多不同受众——客户、股票市场分析师、当地社区、员工、供应商——进行更有效的沟通。我们制定了许多不同的指导方针，包括下文介绍的关于文字气质的指导方针。

文字气质

我们的品牌定义对我们代表品牌时的说话和写作方式提出了要求。

因此，我们必须从品牌定位声明和品牌价值开始着手。

品牌定位声明

我们的优势在于我们优秀的员工。他们总能通过自己的理解力、诚信品质和饱满激情让自己脱颖而出。我们的员工以提供卓越的价值为目标，不断努力改进——通过倾听、理解和运用他们的知识；通过寻求创意及让好的想法变得更好；通过努力，甚至是付出极富英雄色彩的努力。因此，我们能创造出持久的关系——它们总是建立在理解之上的。

✒ 品牌价值观

理解、诚信、激情。

我们的宣传活动需要清晰地展现品牌定位声明和价值观。

我们如何在传播中体现这些价值观？我们需要考虑传播的内容和风格。

✒ 内容

我们的力量源自我们了不起的员工们。这么说也是有理由的：媒体和其他利益相关者们都对特定产品、项目或计划背后的人很感兴趣。那么，我们员工的人文关怀也可作为展示的一部分。

理解是我们的第一个品牌价值观。这意味着我们必须展示我们公司是如何利用自身的理解来开发项目的，特别是通过与客户合作的方式来开发。在与空气产品公司员工一起构思公关故事时，我们就动用了这一能力。探索在案例研究中使用真实故事，而非夸张描述的可能性——借故事真实的力量为我们发声。

同时，对媒体直接受众们的需求，我们要表现出理解——我们应该认真思考如何在提供信息的时候满足这些需求。内容要简短、有针对性、有吸引力，并提供恰到好处的真实案例。要明白，只有当我们让这些信息有趣到能被处理或使用时，它们才会真的被使用。而且还有一点，我们的客户和其他利益相关者只有在我们写明白这些内容是如何与他们的利益相关时，他们才会愿意看这些材料一眼。

诚信是我们的第二个价值观。我们必须在维护自身商业利益的前提下，尽可能诚实和开放地与他人沟通。我们行为的出发点应该是：信息要分享，而不是隐瞒。

激情是我们的第三个价值观。我们应该尽量多方面地展示这种激情，包括可以介绍一下那些对自己的工作充满热情的人，或者直接表示：有奉献精神的人将灵感投入工作，方能收获成就。

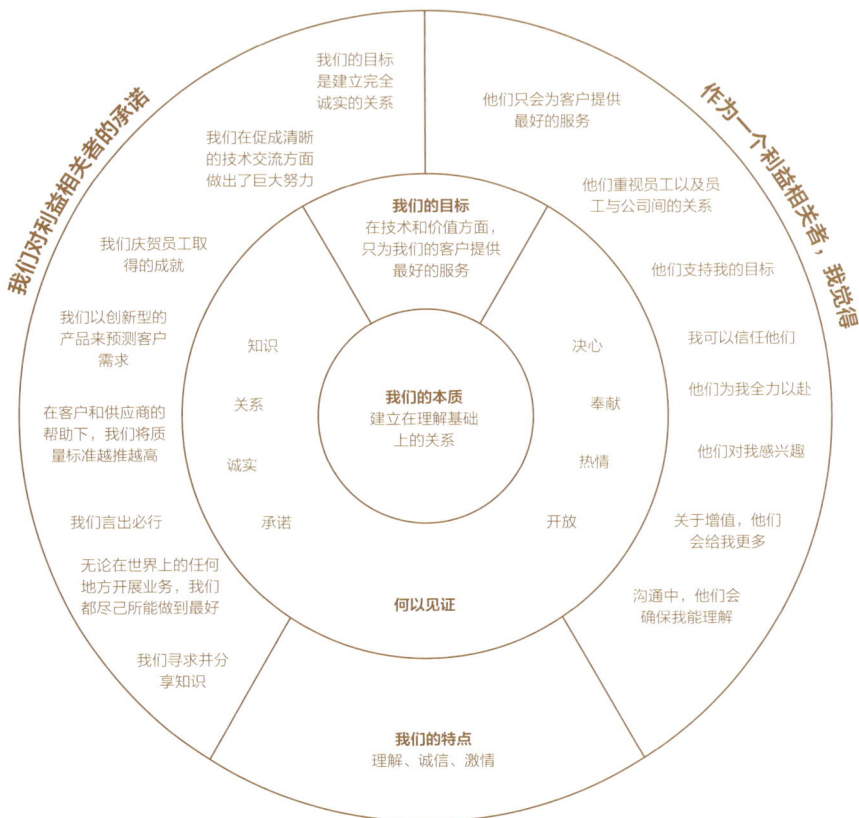

作为一个利益相关者，我觉得

他们只会为客户提供最好的服务

他们重视员工以及员工与公司间的关系

他们支持我的目标

我可以信任他们

他们为我全力以赴

他们对我感兴趣

关于增值，他们会给我更多

沟通中，他们会确保我能理解

我们对利益相关者的承诺

我们的目标是建立完全诚实的关系

我们在促成清晰的技术交流方面做出了巨大努力

我们庆贺员工取得的成就

我们以创新型的产品来预测客户需求

在客户和供应商的帮助下，我们将质量标准越推越高

我们言出必行

无论在世界上的任何地方开展业务，我们都尽己所能做到最好

我们寻求并分享知识

我们的目标
在技术和价值方面，只为我们的客户提供最好的服务

知识

关系

诚实

承诺

我们的本质
建立在理解基础上的关系

决心

奉献

热情

开放

何以见证

我们的特点
理解、诚信、激情

✒ 写作风格

　　我们的写作风格必须与品牌的原则保持一致。书面文字是我们沟通的重要组成部分，因此，我们的言辞中也要流露出同样的"理解、诚信、激情"才行。

　　理解是我们价值观中的一部分，故我们的写作风格需要灵活，要能够满足不同受众的需求。例如，请参见指南中广告部分关于文字气质的内容。广告的写作风格与新闻稿、产品数据表或学术研究论文的风格就有很大不同。但无论是什么情况，我们都该想办法让这些特定的目标读者接收到我们的品牌价值观。

请记住，写作的首要原则是永远记得有读者在看着我们。这意味着我们要不断地扪心自问：这个信息我有好好地传达出去吗？想想读者们想要什么，然后通过修正自己的表达风格来满足他们的需求。

"理解、诚信、激情"意味着：

我们应该避免使用因太技术流或有太多专业术语而造成理解障碍的语言。

我们应该拒绝使用因过于强势和硬性推销而破坏我们诚信形象的语言。

我们应该警惕使用因枯燥和平淡而无法展示我们激情的语言。

我们的品牌是关于人的，所以写作风格也应该始终保持与人亲近的气质。我们应该尽可能地让公司写手从人的视角出发创造文案。因为我们取得的成就实际上也代表了公司想要达成的目标。因此，我们应该直接引用人们的话，而我们写作的整体语气也应该接近口语。

以说话的方式写作。

以讲故事的方式写作。

但要把故事讲漂亮点。

使用如下测试表来看看你是否找到了正确的语气。如果每个问题的回答都是"是"，那就说明你做对了。

理解

你写出的文字是否通过一个个关于人的故事创造出了一种认同感和共鸣？

你的语言是否直接且不复杂，满足目标读者的需要？

诚信

你写出的文字是否以诚实而体贴的口吻吸引着人们？

你写出的文字是否允许人们用成就为产品或项目背书？

激情

你写出的文字是否读起来就像在跟读者对话一样？

你写出的文字是否读着像某个人写出的东西，而不是某个匿名公司的通稿？

总之，它是否让你读起来就想要"告诉我更多"？

🖋 告诉我更多

我们应该始终以达到这些标准为方向来写作，也要尽可能让人们越看越想看，想知道更多。我们鼓励读者来了解更多的方式主要有两个，一是通过清楚地说明与我们打交道能得到怎样切实的好处，另一个是在理解客户需求的基础上拓展建立关系的可能性。

上述写作通则看上去似乎对许多公司都适用。此话不假，但是将这些准则应用于空气产品公司的业务中所产生的特定执行方式则是独属于该公司的。这种方式和结果经创作者们展现，也彰显着品牌的价值。而一切都与目标受众的影响分不开。我们、我、他们和它。如此诞生出独属于空气产品公司的东西，没有其他人能够真的模仿。

该指南于 1999 年夏天完成。随后，一场庞大且复杂的合并 / 收购活动展开了；它涉及全球工业气体市场四巨头中的三个。也因此，这些准则被暂时搁置。根据拟议的交易，液化空气集团（Air Liquide）和空气产品公司将收购比欧西集团（BOC）的不同部分。同时，为了实现该计划的宏伟目标，约翰·多兹被提拔为品牌负责人，调至阿伦敦市工作。

在这样的背景下，交易变得过于复杂，导致美国竞争主管部门难以接受。2000 年 5 月，合并案被撤销，但与此同时，我们仍在努力为公司内外的人们创造交流和沟通的机会，以展现几个月来打造的、关于空气产品公司品牌的定义。

一如往常，内部受众至关重要。我们精心打造了印刷品和电子材料，还包括一段视频。对外部受众来说，他们看到了一支新的广告。它基于一年前商定的品牌原则而诞生，并且以"告诉我更多"的标语为特色。这是一段比远比我们的设想更漫长、更曲折的旅程，但最终我们还是走到了终点。到达之后，我们现在需要考虑的是如何继续前进；毕竟，前进永无止境。

5

以文扑火：大东通信

1996 年秋天，我们与贝尔有线电视媒体公司（Bell Cable Media）愉快地达成合作，准备开发一个将被称为 "oneline"（一线）的品牌。这个名字就反映了该公司的战略：通过一个供应商和一条电缆将电视、电话和互联网服务整合起来，接入家庭。这是一个主要针对住宅市场的策划，当时，这种整合还没有成为现实。

当大东通信（Cable & Wireless）将 3 家英国有线电视运营商——贝尔有线电视媒体公司、单象管（Videotron）公司和纽内克斯（Nynex）公司——纳入其麾下时，一切计划都被打乱了。或者说，这对我们甚至能算得上一个打击，因为我们围绕 "oneline" 的工作正在如火如荼地展开，可现在，突然间，一切都悬而未决了起来。

很快，"oneline" 就胎死腹中。当时的实际情况是这样：在权力博弈的游戏轮盘上，大东通信宛如一个征服者，被收购的公司们则不得不屈服，其中的人也不得不为地位和工作而你争我夺。我们能做的只有支持我们贝尔有线电视媒体的客户，并希望他们能够争取到一些有影响力的位置。

在整个过程中，我们还是非常幸运的。我们成立了一个战略小组来研究大东通信新品牌的相关问题——也就是之前的公司涅槃重生后的新公司，其中包括大东通信旗下最知名的品牌水星通信（Mercury）。所有以前的品牌都被淘汰，取而代之的是主品牌大东通信。战略小组由来自每个被收购（现在已经不存在）的品牌的营销代表构成，再加上我本人。

情况确实有些别扭。市场营销经理们纷纷入座，与几周前还在市场上相互竞争的同行们合作——而且，在未来的几周内，他们还将为工作机会而继续互相竞争。很明显，新的大东通信将大力裁岗。围坐在新公司桌边的十个人中，也许只有两个人能够得到工作机会。

这两个人恰好是被任命为营销总监的露丝·布莱克摩尔（Ruth Blakemore）和品牌经理约翰·阿伦斯（John Aarons）。彼时他们是我们在贝尔的主要客户，如今有他们在，我们就有机会参与创建这个新品牌。

我们的想法是利用"大东通信"这个名字包含的稳定性和可信度——在充满风险与机遇、不容易赢得信任的"有线牛仔"市场中需要这些品质——但要让这个品牌变得比以前更亲近消费者。大东通信将继续作为企业品牌来面向全城。我们的品牌以此为背景，着重吸引住宅区的有线电视客户。

这个项目相当紧凑。在工作中，我们时常会觉得自己是组里唯一的"常量"；一夜之间，我们的"客户们"也许就从他们的工作岗位上消失了。随着项目启动日的临近，我们迎来了新的总经理格雷厄姆·华莱士（Graham Wallace）。随之而来的是一个以大量使用黄色为特色的大型广告策划（"双刃剑"公司的作品）出现在电视和报纸上。这些广告成功地让人们对新品牌留下了印象。唯一的问题是，品牌打了出去，但品牌背后真正的常态运作却一点也不协调；根本没有足够的时间将所有不同的业务整合收编成一个平稳运行的产业。在品牌上，我们所做的无非是掩盖裂缝，但广大客户们却能敏锐地意识到这些裂缝是多么的真实与深刻。

我们为新品牌制定了全面的指导方针。视觉创意的基础是试图将大东通信的符号中存在的问题转化为亮点。大东通信的这个数字化版的地球符号（内部称为"死星"）看上去好像很适合与美国电话电报公司（AT&T）合并，但"死星"其实早几年就被设计出来了。此外，搞出两个如此相似的符号，这背后的逻辑也实在是让人难以理解。不过无论如何，它现在都是我们的唯一解；因为格雷厄姆·华莱士并不考虑把它换掉。所以我们设计了一个基于圆圈的视觉系统，与地球符号相呼应，但在圆圈中用了一些活泼的图像。这些圆形图像随后与标志产生了固定的视觉关系——就像地球和月亮。随后，我们制作了一个全方位的——从促销品到广告到命名原则——指导文件集。

我们认为，文字气质应该成为这个文件集里的一部分。毕竟我们知道，新公司的建立往往伴随要解决客户服务方面千头万绪的问题。4 家公司中没有哪一家之前在这方面表现优异——现在加上快速整合的问题，客户服务这方面的情况肯定没有改善。文字气质相关文件主要是为客户服务人员准备的——那些必须与客户通电话、回信（主要是解决投诉）和撰写新业务提案的人。在我们看来，这种情况下，利用新的品牌来帮助自己是更好的选择，而不是怀抱着"问题会自动消失"的侥幸心理埋头苦干。

"我们有一个战略愿景——在综合通信领域引领世界。"

为了实现这个愿景，我们需要做到：
- 确保我们将技术的好处惠及我们的客户，并让他们能轻松使用。
- 承诺为客户提供最高标准的服务。
- 确保我们采用的方法是为了了解客户需求，而不是为了把我们的需求强加在客户身上。
- 意识到我们的行为方式和表现出来的个性来自我们自

身，并对我们与他人的沟通产生影响。

这些想法和举措对我们的业务有着深远的影响。最重要的是，如果我们的沟通方式与我们的战略相匹配，我们的战略愿景将更容易实现。

换句话说，我们需要在一言一行中做到我们对理解客户需求的承诺。如果我们想让技术易于使用，我们必须努力用客户容易理解的语言来解释技术。我们必须展现出自己在尽心倾听，而不是用不恰当的说话和写作方式让客户觉得我们听得不够认真和仔细。

这些准则是关于"文字气质"的，但文字气质不仅展现在写作风格上。它同样关系到我们做生意的方式，我们希望人们能觉得与我们合作是一种享受。同样的原则也适用于我们对于人际关系的处理，毕竟我们每个人都代表着品牌。语言很重要。它深刻影响着外界对我们的看法与评价。我们要尽己所能，借语言之力，留下一个好印象。

博雅公共关系公司创始人比尔·马斯泰勒（Bill Marsteller）曾说：

> 通常情况下，一张照片确实能胜过千言万语，但再多的话或许也抵不上一个词，那个最恰当的词。

我们不会试图给出在任何特定情况下使用都正确的用语指导。那是不可能的。

不过，我们将尝试在对我们的业务有深刻影响的几个关键领域提供指导。从给我们的客户写信开始，以现有的信件为例。这些例子就能证明我们写信的风格还可以提升。我们这么做不仅是为了改善风格，还是为了更好地与客户建立关系，从而建立忠诚度、信赖感和喜欢。它们也会证明我们很有可能让写作风格变得更具个性，并从我们的方法中获得更多乐趣。

✒ 写信

有时，我们的信中会流露出防御和消极的一面：

"陈列柜的摆放需遵循我们的指导方针。故，该陈列柜必须保留在原位。"

我们可能看起来没有人情味，僵硬死板：

"您的订单将被处理。"
"已为您安排安装。"

有时候，我们看上去像是故意把话说得不明不白：

"我们的记录显示存在潜在的服务可用性问题。"

通常，我们一顺手就用上了老掉牙的形容词和短语：

"我们有量身定制的、极具竞争力的价目表。"

"谢谢你"是我们该向顾客表达的核心。我们现在的许多信件，读起来都有些虚伪。但如果我们表现得过于谦卑，试图通过这种方式展示我们对客户服务的承诺，客户也不会就这样买账。

"想对您一直以来的惠顾表达我们诚挚的谢意。"
"感谢您的宝贵订阅。"

这些话都可以用客户更容易理解的词、用更简单地方式表达出来。写信的第一条规则是，用你说话的方式写作——书面语和口语之间不应该有太大的差别。

所以，如果是用说的，你也许会这么说：

"很高兴您决定继续使用我们的服务。谢谢您打电话告诉我们。"

而不是：

"在您最近致电我们客户服务部之后，我们很高兴地得知您决定继续使用我们的服务。"

如果我们能仔细思考每一个词，并想想它是否能用更简单的词替换，这对表达会有所帮助。

例如，这里有一些我们的信件中正在使用的单词和短语，以及推荐的替代词。

现用表达	建议表达
电话服务	电话
协助	帮助
一旦收到	当我收到
之始	开始
允许	让
终止	结束
事关	关于
关注	关于
事由	关于

公司仍然用着老旧、过时的办公室语言表达那些最基础

的想法——例如到底该用哪个"关于"。我们应该随时随地尽量避免给人留下古板或者陈腐的印象——并做到确实也不是那样的（顺便说一下，"关于"在不同场景下比"大约"更好用——它没那么浮夸）。

一般来说，我们对商业用户和对个人用户使用的语气应保持一致。无论在哪种情况下都要记住你是在和某个人说话——你进行的是一场对话。然而，直邮信（直邮广告）有其自身的要求；在给客户写信时，我们要避免使用直邮信技巧（如信件中的内部标题）。

然而，只要涉及写作，我们就应该尽量做到态度积极，表达清晰。尽量以充满积极能量的话作为开篇，避免在开头使用一些会招来嘲讽的话——例如："出于对我们客户的重视……"

还有一点，让你的写作风格尽量向积极和个性化的方向靠。可以写：

"我会预约一次。"

而不是：

"预约将被安排。"

做决定的人是你，不是某个神秘的匿名部门。

文字有变麻烦的潜质；不同的人读到的意思不同。

如果说错了话，我们可能会误导、迷惑客户或使客户反感。好好思考究竟该用哪个词，这真的很重要——文字对于人们会不会喜欢我们、会不会在我们这里消费将产生巨大的影响。

我们推出的广告为我们的表达风格定下了基调。如果问"我们能为你做什么？"我们其实是在表明自己是一家对他人感兴趣的公司，而不是只想着卖产品。如果我们真的对客户的需求和生活感兴趣，我们就应该真正努力把这一点贯彻到我们与客户的每一次接触中。

信件是我们和客户之间的一个重要沟通渠道。信件有时被用于告知或解释，有时用来表达歉意，有时用来进行推销。构成一个更直接的销售关系需要一种销售文件——提案。

✒ 提案写作

好的写作本质上是在确保你的读者得到你想让他们得到的信息。目标很明确，但这也就意味着，为了最大限度地提高提案的成功概率，你需要注意风格和内容。

简明扼要

本段列出了一些适用于一般写作的原则，尤其适用于复杂信息的写作。写这种材料的人经常使用一些他们认为会使他们读起来显得有教养、专业或聪明的风格；实际上，这样写的话读起来只会让人觉得浮夸。保持简单的写作风格，你要传递的信息就会更清晰。

当你讨论电信时，你经常需要使用长的单词；许多单词没有短的对应词。记着，在有短词可以替换的情况下尽量不要使用长词。只有在需要时才使用，长词的分量才能增加。"浮夸"的词能不用就不用。我在"写信"那个段落中列举了一些词和它们的替代词，这里还有。

一些常用词	替代词
约是	大概
富裕的	足够的
利用	用
相聚一堂	见面
在某些情况下	有时候
通常情况下	往往
频繁地	经常
能够……的	可以
由……决定	取决于
优先于	之前
超过	多于

续表

一些常用词	替代词
……之方法	方法
购入	买
出行方式 / 方法	交通
此外	和 / 也
与此同时	当
介于	在……之间
几近于	将近
毗邻	靠近
起始	开始
首先	第一
我们将做出适当跟进	我们会……

◈ 用词要准确

有些词经常被误用。使用的时候要小心——你的读者不一定明白你的意思，即使错误的用法很普遍，它还是会让你显得没那么可信。如果你的读者的第一语言不是英语，这个效果就会更明显；如果他们按字面意思理解，可能就会收到完全错误的信息。以下是典型的提案中可能出现的情况，作为示例：

- "impact"做动词时，意思不是"对······有影响"，而是"紧紧压在······"或"压缩"。所以如果你说某件事情会"impact 交付计划"，这句话的意思是缩短时间表，而你实际想表达的意思也许正好相反。

  可以用"affect"（影响），或者在这种情况下，用"延长"代替。

- 要小心"组成"这个词，它要和"的"搭配使用，而"包括"则不需要。注意不要说：

  该网络包括的 8 个站点。

  而应该说：

  该网络包括 8 个站点。
  该网络由 8 个站点组成。
  该网络有 8 个站点。

- "alternative"（可替代的）意思是"可以选择一个或另一个"；"alternate"（交替）意思是"一个接一个，轮流"。所以，如果你说的是替代路线的话，一定要注意选对词。

- 如果你说两件事物（如公司）之间有协同作用，你的意思是它们分工合作，而不是说它们相似或有很多共同之处。

造句要生动

先不谈太多的语法细节，英语句子最基本的顺序是主语 – 谓语 – 宾语，比如说：

用户选择合适的带宽。

这就是所谓的主动语态。如果我们换个方向，即使用被动语态，焦点就会转移，句子也会变长：

合适的带宽由用户选择得出。

许多人在写技术类文件时用了太多的被动语态——也许因为这是我们在科学课上受到的教育，描述实验就得这么写。但这些结果就是，文本读起来很沉重，过于正式且无聊。主动语态造句则更简单也更简洁，并且有更直接的影响。

比如说：

用户必须通过人工干预实现清除通话。

更清楚的表达是：

用户必须手动清除通话。

当然，这也是一个删除冗长且浮夸词汇的例子。

最好的规则是：

除非有相当充足的理由使用被动语态，否则，请用主动语态。

◆ 思考不能停

使用长难句容易让读者迷失；他们可能看到半路就已经不知道你在说些什么。如果需要不停地往前翻去找和理解，那他们很可能就放弃读懂这些话了。

试着把长句分解成短句。一个好的办法是每句围绕一个观点展开，长度尽量不要超过三行。但这并不是一条牢不可破的规则——太多超短句会让你写的东西有种断断续续、磕磕巴巴的感觉，让人读起来不舒服。如果你能调整到长短句结合使用，你的写作将呈现出更好的流动性和节奏。

把你的文章分段，使它读起来更容易。一般来说，每个不同的"想法"或陈述用一个段落。

你文章里的句子和段落的处理也是，长度应有所不同。但大原则是尽量保持相对简短——规矩第一条：不超过两三句，不超过七八行。

偶尔使用单句成段。在重要的声明里，这种处理效果很好。

如果你发现一个段落太长了（因为其中包含的观点很复杂），可以考虑将其分割开来——用带符号的列表、一个表格或一个简单的图表都行。

大卫·奥格威曾说：

我是个糟糕的文案，但我是个好编辑，所以我就去编辑自己的文案，编辑四到五次之后，它就差不多可以给客户看了。

用文字工作

每次只要沟通发生了，我们的品牌就能变得生动、鲜活——无论是与彼此、客户还是其他受众。我们应该一以贯之地在沟通中传递我们的价值观。

这意味着，我们所有的沟通都该做到在视觉上给人以启发，书面上能与我们的客户建立一种更私人的关系。基于这些，我们才能搭建出信任的桥梁，并为发展一段持久的关系创造机会。

当你在代表公司写作时，问问自己：以你如今写作的方式写出的东西，拿给你自己看，你会愿意把它大声读出来吗？

如果答案是肯定的，那你写的东西就会是可信的。

人们会相信你。

如果答案是否定的，也许你用的语言读着让人觉得有些过于紧张或消极。人们就不会相信你。

你有没有努力避免使用太复杂或技术性的词？

如果答案是肯定的，那你写的东西就会是易读的。

如果答案是否定的，问问自己，你能不能在不损失信息的情况下写得更简单。

毕竟，如果你的读者对这个主题的了解比你少，那么他们就可能弄不懂你在说什么。

你的文字读起来会不会让人觉得作者应该是个很机敏的人？如果答案是肯定的，那大东通信就能给人留下一个很灵活的印象。

如果答案是否定的，那读者就会觉得公司是一个面目模糊的机构而已。

你的表达看上去像是一个人在对另一个人说话吗？

如果答案是肯定的，你的文字就会让人觉得真实而有人情味。

如果答案是否定的，公司就会显得冷漠且无情。

你是否会以不同的方式告诉人们一些新信息？如果答案

是肯定的，那你写的东西将为你的读者带来启发。

如果答案是否定的，你自己都不会为之振奋，怎么能期望它可以振奋客户？

文字表达着个性。它们反映着我们的方方面面。我们应该以尊重和享受的态度使用文字，因为它们能帮助我们实现的东西实在是太多了。

我们为大东通信编写文字气质相关的文件时，是把客户的情绪和视角纳入参考范围里的；毕竟心怀不满、愤怒的客户可能以语言冷漠为理由放纵自己的不满情绪。对身陷水深火热的我们来说，这份文件无疑起到了救火的效果。但它做不到完全灭火，因为大东通信还没有真正认识有线电视的住宅市场——它并没有设身处地为自己的泛客户群里的大部分人着想，而且它也已经失去了许多有客户服务技能的人。

重组和（可怕的、让人不寒而栗的）自然损耗就是这样。1999 年，大东通信决定出售其住宅市场的有线电视业务，并将注意力集中在它最初成名的商业市场。

我从中得到的经验不是工作失败了，而是我们从来没有为它创造一个能够成功的机会。一个品牌项目以及这个大项目里的文字气质细项，都需要执行空间。指望靠一个快招永远解决所有问题是不现实的，也没有意义。你得持之以恒，得不断地将信念推陈出新，因为人们容易重蹈覆辙。此外，也会有新人加入公司，希望了解你对他们有怎样的期待。公司里的品牌拥护者塑造和阐释着公司品牌的信念和认知——从上到下，无一例外。每个人都要明白，至少在某种程度上，他们肩负着维护品牌和品牌文字气质的责任。但究竟该怎么做呢？没有固定章法。

我提倡的唯一规则是，不应该有真的具体规则。就像诺德斯特龙百货公司（Nordstrom）建议的那样："规则第一条是发挥你自己的主动性。再无其他规则。"许多关于写作的书都是从假设"写作有规则可教"开始的——遵循规则，学好写作。但写作不是这样的。我的建议很简单：你投身其中，不要用"是不是有什么规则"的想法自缚手脚。行动起来。而且，一旦开始，就继续下去。

第 4 章

它——讲一个好故事

书的妙处是，写书的人将从各个地方搜罗来的文字
归结于一，让它们同频共振。

——蒂莫西·奥格雷迪（Timothy O'Grady）
《我可以读懂天空》（*I Could Read the Sky*）

∾ 1 ∾

一个新视角

塑造商业交流用语的视角有很多，在前几章中，我从这些方面讨论了写作。本章讨论的是信息本身，即我们要讲的故事，也不可避免地涉及我们讲述这些故事的方式。

我的同事马克·格里菲斯看完我的"我们、我、他们和它"的示意图后给出的反馈是他独立思考拟出的一个图表。这两张图在实质和意义上其实非常接近，但我认为马克的图实际上与我在本章中要探讨的问题更加契合。

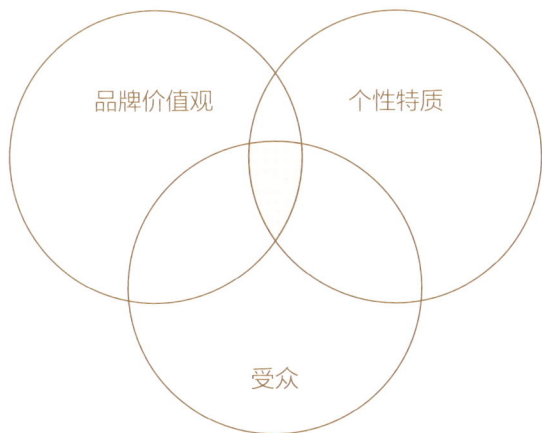

　　图表的中心阴影区域代表品牌的文字气质。只有将图中的所有部分平衡地结合在一起，才有可能得到一种独特、可持续存在和发展的文字气质。这张图就是用另一种方法呈现了真相。为了进一步探索这一点，我们必须一步步重走我们曾去过的一些地方，并用新的视角观察和解读。

2

自我捆绑

作家们每次写作都要与身份做斗争。我在第 1 章中探讨了语言和身份的关系，并称之为"文字的麻烦"，这句话取自对丹尼斯·波特（Dennis Potter）的采访。部分原因是我对他在写作方面的造诣很是敬佩，部分原因是我现在把这种看法当成某种护身符。我打算再次用丹尼斯·波特在《冷酷的拉扎勒斯》（*Cold Lazarus*）中的话作为我论述的开篇：

我是一名作家，我让人口述我言。

这就是当作家的巨大优势。它似乎让你能控制将什么样的话放进人的嘴里，以及将话放进什么人嘴里。有时，目标受众会从人变成公司，这也正是本书关注的焦点（对公司类写作）。因此，把公司当作一个人——或者至少当成一群人——就很重要。

文字对我很重要，因为它能做到的事太多了。它能传达信息，展示情感；它能讲会唱，能跳会走。与其他任何东西相比更重要的是，它还能给人带来快乐。

看 HP 酱瓶身标签的时候我就觉得很快乐。那是我把语言和快乐联系起来的最早的记忆之一。

HP 酱

全天然

以高品质水果、

香料和醋混合制成

标签的另一面是英文版介绍，所以是可以弄懂意思的。

HP 酱

根据秘密配方制作

由世界上最优质的西红柿、椰枣、香料

以及在木桶中自然成熟的麦芽醋

和 HP 集团自家的井水制成

语言传递着我们的想法。它也塑造我们的思维方式。然而，尽管我很相信语言，但我更相信语言和图像结合的力量。让我先给你一个轻松的例子。下一页展示的是一张明信片，那是某年夏天我和妻子在意大利托斯卡纳度假时寄给我儿子和女儿的。这张明信片是从货架上挑出来的，上面的图仿佛在诉说着什么。

托斯卡纳

亲爱的马修和杰西：

　　如你们所看到的，我们的度假别墅简单而富足。你们的母亲喜欢在我坐在池子旁边时洗衣服，久晒日光给她添了些许苍老，但只要有衣服可洗，她就不太介意。所以，请把你手上的余件送到锡耶纳邮政餐厅。享受生活吧。

爸爸和妈妈

　　这种情况下，有"明信片"这个使用场景限制反倒是件好事。在不同的场景中读到文字，我们对它们的感知会不同。词语的灵活度是无限的，它们会被周围的环境约束、调整和塑造。有时是羊，有时是牧羊人，一个词可以引出另一个词。词语所呈现的视觉环境也能将你引向意想不到的道路。道格拉斯·R.霍夫斯塔特（Douglas R. Hofstadter）在长达 500 页的探讨翻译的书《语言的音乐美》（*Le Ton beau de Marot*）中写道：

> 对纯粹视觉美学的在意
> 于我的文章产生的影响
> 是不可估量的——
> "我的文章"不仅仅是指
> 我在表达想法时的措辞，
> 它是指想法本身……
> 我怀疑，限制之所以存在且受欢迎，
> 从根本上说，那正是创造力最深的秘密。

　　霍夫斯塔特着重钻研的是翻译和诗歌里的限制。没有哪种写作形式比诗歌的限制更多，但当乔治·赫伯特（George Herbert）这样的诗人要求诗歌的视觉形式也应被用来塑造和表达文字的意义时，在这种程度的对比之下，普通限制就显得尤为普通了。

你必须得爱上限制。在写作构成企业身份识别一部分的情况下，你自然会被限制——创作要于公司、于同事有利。只有当你沉浸式投身于自己为之写作的公司中，你才能真的理解这些限制。

可惜的是，很多关于企业身份识别的思考都变成了集中展示企业的实力。一种通常被称为"最强大的战略性商业武器"的企业身份识别理念，只该由已经成为强者的企业支配吗？而且，就算这样，它是否必须被用来使强者看起来更加强大？

这样的视觉识别当然也对言语表达有要求；比起多样性，它对语言的统一性需求显然更大。最重要的是，公司想要安全，想避免承担风险。在语言中找到安全感是很容易的事。尤其是当你将自己沉浸在熟悉的语言表达里时，它们会给你一种文字带来的安全感。最容易的是从关注质量和服务，并且把客户放在第一位开始——这很容易，也很安全，因为人们看得懂也明白这些话意味着什么。但你是否能找到比这个更好的、使你的公司与众不同的东西？

人们口口声声说要灵活，要拥抱多种多样的选择，但实际却恰好相反；选择的范围一直不大。我们讨厌标新立异，我们讨厌犯错。但事实是，想要进步，我们就必须抓住机会尝试做一些以前没做过的事。

哈维尔·马里亚斯（Javier Marías）在《一颗如此苍白的心》（*A Heart So White*）中写道：

奇怪的是，文字能造成的后果最坏不过如此。

当我在大东通信的文字气质指南中引用这句话时，有人反对说，文字真的会造成可怕的后果。也许这种分歧也意味着我是一个"还有半瓶水"而不是一个"只剩半瓶水"心态的人吧。对我来说，这句话表达的是言语的积极力量。语言可能造成不好的后果，它们可能伤人或者被滥用，但在这些方面其他工具也一样吗？

我的观点是，语言具有影响思想的巨大力量，它是身份识别里不可分割的一部分。但比起标志、颜色或是字体，我们并不是那么乐意于将语言视为身份识别的一个元素。

汤姆·彼得斯说：

如果时代倾覆，语言一定也是。
信不信由你，对语言和形象的选择几乎是
商业战略的核心。

如果像 3M 公司一样，一直说他们正在努力：

166

出售越来越多的创意和想法，越来越少的材料……

如果微软公司（Microsoft）说：

人类的想象力是我们唯一的资产……

如果国际汤姆森出版公司试图

改变这个世界学习的方式……

很明显，在这个竞争激烈的商业环境里，生存奥义是关于如何在市场上超越他人。想想我们是怎么思考的？我们主要用语言思考。如果我们想得清，我们就会写得好。如果我们写得好，也就能证明我们想得清。

这难道不意味着公司应该更加关注"通过文字表达身份"这种方式吗？

大卫·奥格威在《不为人知的大卫·奥格威》（*The Unpublished David Ogilvy*）中说：

知识是无用的，除非你明白如何交流——以书面形式。

3

自我释放

这可能会被误认为是本书的教学部分，所以，容我补个免责声明。

在我看来，你被教导去做事情，本质上不如你通过自己的发现学会去做事情有价值。

"因为是别人说的"所以相信和"因为自己经历过"所以相信，这之间有很大的区别。在某种程度上听起来像是我完全放弃了教学的责任一样。但其实，我认为恰恰相反，因为它还对"老师"提出了更高的要求。学习取决于思考问题，而不是得到答案。

我也喜欢艾伦·贝内特（Alan Bennett）关于英国国家美术馆的看法。他说里面应该挂一张告示，上面写着：

你不必喜欢这里的一切。

这是一个很棒的想法，毕竟我们总是容易为了强求一个完美的点子而太过竭尽全力。而且在创意行业，也许跟其他行业相比，我们会更容易轻视其他的意见且坚信自己的判断。在对工作感到自豪和固执之间，只有一线之隔。如果你一直越界，最终，多样的选择和结果给你带来的趣味会越来越少，也会错过很多文字带来的快乐。

毫无疑问，随着流行文化、其他语言或来自不同国家的英语使用者带来的新鲜潮流，英语的构成被逐渐改变，英语无与伦比的多样性也在我们眼前日益增长和凸显。我写下这些广告是为了庆祝英语的演变和多样性，也以此推广《剑桥国际英语词典》(*Cambridge International Dictionary of English*)。

我总是对开头感兴趣。在我看来，我们所有人在写作上遇到的最大问题就是写出开头。而当文章要满足商业化需求时，你还需要快速地输出观点。

我最初接触的工作之一是为某篇英国农业草原管理的官方报告写一份摘要。我的开头是：

提到草，大多数人想到的是草坪……

在当时，我们对大麻的其他名称还并不太熟悉，所以这个开头的效果似乎不错；它营造了一种与人们预料中"官方报告的语气"不尽相同的风格。我们应该始终像这样努力地挑战如果你想学真正的英语……如果你想教真正的英语……那关于字典，只有一个明智的选择。

《剑桥国际英语词典》包含丰富且新颖的功能，以帮助学生自信而准确地理解和使用英语。

全面
清晰
国际化

只有《剑桥国际英语词典》才会引导你了解真正的含义。

剑桥大学出版社
ELT 市场部
爱丁堡大楼
沙夫茨伯里路，剑桥 CB2 2RU，英国
电话：（01223）325819
传真：（01223）325984

WANNABE

CAMBRIDGE
UNIVERSITY PRESS

预期，但要保证，挑战前提是我们的信息能先传递出去。

与说话者是谁无关，光是读这个开头，你就足以被它吸引。比如，安德鲁·莫顿（Andrew Morton）编辑的《戴安娜：一个自述的真实故事》（*Diana: Her True Story in her own Words*）。

我第一个记忆是我的婴儿车里面的味道。那是一种塑料的味道。印象鲜活。我是在家里出生的，不是在医院。最大的混乱出现在妈妈决定离开的时候。

当你知道这出自戴安娜王妃之口时，它带来的冲击就更猛了。该书是根据音频版的内容整理而成。尽管这是将口语以书面形式呈现，但它无视由惯例决定的语法规则，以此展现出自己的气势。句子必须有动词。诸如此类。

在我看来，作者应该尤其关注自己作品的开场白，这一点是无可争辩的，例如名著几乎都会有相当经典的开篇。

过去的几年我一直在检验这一理论。我们为哈维尔出版社黑豹（Panther）系列书设计的身份识别——在每张护封上都有书的开场白。在我看来，用这些句子就是"黑豹"系列书身份识别的基本要素。

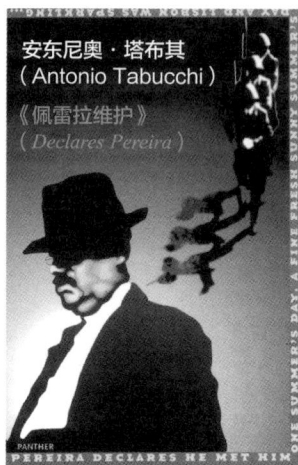

当提到身份，我们就会想到名字。当然，名字有助于定义身份，但它们并不是总会有好的效果。例如，摔跤运动员"大V老爹"（Big Daddy V.）的本名为雪利（Shirley），电影明星约翰·韦恩（John Wayne）的本名为马里恩·莫里森（Marion Morrison），你很难想象他们顶着本名能取得什么大成就。

马里恩

雪利

这看起来像是瞎扯，但我敢确定下面这张在美国南部各州随处可见的通知是真的。它的拍摄人叫苏珊·利帕（Susan Lippa）。至于里面的这只狗，它显然也在努力，好让自己对得起这个名字（Lucky）。但无论狗还是事，也都实属平常了。

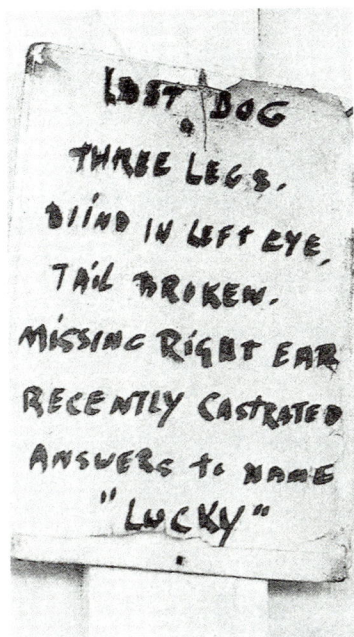

寻狗启事
三条腿
左独眼
断尾
右耳缺失
最近绝育
听到名字会有反应
叫"幸运"

许多公司都在用名字竭力彰显自己的营销意图。这些名字被赋予了图腾般的力量，但在实践中效果却并不明显；因为它们的创设思想过于肤浅。随便翻翻名录簿，看到这么几个例子：

GL◉BALINK（国联通信）

MARKETPOWER（市场力量）

House of Art（艺术之家）

World Access Europe（欧洲世界通）

我最喜欢的公司名称是那种把视觉效果和语言含义完美结合的名称。壳牌（Shell）就是例子。另一个例子是我提议用来取代《贸易与旅行手册》（*Trade & Travel Handbooks*）的名称；这是一个出版小众旅游目的地指南的出版商。跟往常一样，我想到了某个与这家公司理念相关的故事——在《鲁滨孙漂流记》（*Robinson Crusoe*）一书里，主人公发现他经海难流落的岛屿上有其他人居住的痕迹。以此为基础，现在这家出版商已改名为足迹旅行手册公司（Footprint Handbooks）。

在我看来，一个名字的背后承载的含义往往比一眼看到

的要多得多——而且即使不了解，我们也能感觉到那种隐秘。换句话说，一个名字背后藏有一个故事，而这个名字仅是故事的标题。但正是这种内涵深远的感觉让名字更有韵味。

在取新名字时，我会试着把这点表现得更明显，使之成为一种突出的优势。例如，针对热贝果公司（Hot Bagel Company）的特点，我们创设了一系列的产品名称，并为这些名称赋予以纽约人的身份创作的故事片段，风格介于达蒙·鲁尼恩（Damon Runyon）和伍迪·艾伦（Woody Allen）之间。

地点感是好文章的基本要素之一。想想那些杰出的作家——狄更斯（Dickens）、乔伊斯（Joyce）、帕特里克·怀特（Patrick White）、菲茨杰拉德（Fitzgerald）、史坦贝克（Steinbeck）——提到他们就会想到他们通过写作创造出的地点感；二者难以分割。把一个人的思想从他们所在的地方带出来，引导到别的地方，还能让他们觉得这一切栩栩如生：你创造的东西其实比单纯的文字更令人难忘。

地点是故事里的一个重要元素，但它也只是一个元素。当 WH 史密斯公司委托我为不同的圣诞文具系列命名时，我选择给他们提供了三个故事。这些故事为每个系列的视觉展示方向提供了指引，并给它们增添了一种的深度；如果仅有名字，则显得单薄许多。彼得·菲尔曼（Peter Firmin）的插图让这种地点感更加分明。

苏豪区贝果

这里的人都是艺术家，反正他们是这么自称的。

但至少，苏豪区的贝果是真正的艺术品。

布鲁克林贝果

布鲁克林大桥和高速公路上总是一副车水马龙的景象。

但进入布鲁克林高地，就仿佛进入一个截然不同、更加安静的时代。

足够有时间好好享受一个贝果。

第 42 街贝果

第 42 街，一切都夸张起来。

花哨的，鲁莽的，甚至有点危险。

我选择了眼前最健康的东西。

我的手已经无法从贝果上挪开。

自由女神像贝果

我坐着斯塔滕岛渡轮。

曼哈顿在我背后，自由女神像在我右边。

风很冷，但我手中的贝果正热气腾腾。

比萨贝果

我从格林威治村走过，比萨香气袭人。

比萨的味道和贝果的味道混合起来。

我不由得琢磨"如果把他们放在一起会怎么样？"

百老汇贝果

在百老汇，你很难不被那些灯光和浮华迷了眼。

你需要一些东西来守住清明。

我拥有的只有一个贝果，但已经足够了。

第五大道贝果

第五大道，群英荟萃。

路人都很有型，贝果也别有风格。

帝国大厦贝果

不可否认的是，帝国大厦气势非凡。

我看着它就觉得头晕。

赶紧吃个贝果冷静一下。

第二大道贝果

我在第二大道吃了我人生里第一个贝果。然后我吃了第二个。

我想确认它真的很好吃。嗯，是真的。

冬青和野兔

那年圣诞，雪下了一

夜。早晨，雪在冬日的阳

光下闪闪发光。在森林里捡冬

青枝时，我

们遇到了一

只野兔。它盯着我的眼

睛看了一会儿，随后

跳开，在雪地上留

下了小而

深的脚印。

　　我们给由人名衍生来的形容词赋予意义。这些词通常出自我们可能拜读过其作品的作家。也不知道为什么，我们就是知道，或者以为我们自己知道，为什么说某种情境是卡夫卡式的。即使没有读过弗洛伊德的书，我们也知道什么情境是弗洛伊德式的。我们当中有多少人读过普鲁斯特呢，但我们都尝过普鲁斯特的玛德琳蛋糕。特别是在 20 世纪，当我们有一种对高级文化产生了共同的感觉时，我们会把它压缩成一个更方便我们扩展使用的状态。

这个想法本身很好，但把一切都简化成一种过于单薄的语言形式，这种做法存在着一定风险。如果刻意限制自己的词汇量——有些公司就是这么做的——你最终会得到像垃圾食品一样的表达。这种例子你自己都能找到，而且它们不见得都出自快餐业。

因此，无论如何，让我们尽量不要沉浸于行话。我们要力求表达清晰，同时不要消泯语言里的小特点。简明英语也不是万能的。

毫无疑问，技术将在未来几年内测试它的极限。技术有其自身的限制，也因此，新的语言形式会随之诞生。

当我写或收到电子邮件时，我会意识到它的风格与传统信件不同。邮件篇幅更短，更简练，直奔主题，而且语气通常会更随意、不拘小节。如果是我写的，那也许部分是因为我不太会打字。如果是尼格尔·科恩（Nigel Coan）写的，那单纯就是因为他是尼格尔（他就是这个风格）。

给约翰·西蒙斯的短信

发件人： 尼格尔·科恩

日期： 1997 年 6 月 2 日，星期一，上午 10:34

主题：印刷材料

收件： 通信，包装

加急通知：

别打 A3，那玩意儿没用。

只打 A4，那玩意儿有用。

造新词是件好事。chortle（欢呼声）就是典型案例。刘易斯·卡罗尔（Lewis Carroll）发明了这个词，但谁能说我们理解的意思和他是一样的？说起来，我声明，纯粹是为了公开阐明一下，在造新词方面我的个人贡献是创造了"architrove"（拱门），在我的定义下它是指一部建筑百科全书。

在历史上的所有作家里，莎士比亚可能是人们眼中创造了最多英语新词的人。但对我来说，莎士比亚在造词上令人兴奋的点其实在于，他从我们都很熟悉的词汇中发现它们有种种不同层次的意思。

莎士比亚环球剧场（Shakespeare's Globe）的帕特里克·斯波蒂斯伍德（Patrick Spottiswoode）告诉我，有一次，伦敦主教参观正在建造的该大楼时曾对他说："我们必须像你记住环球剧场那样记住我们的教堂。"此处援引的是哈姆雷特的父亲的亡魂的呼喊："记住我"！莎士比亚，像往常一样，他的词汇至少有两个意思。

我们也必须记住——我们得把身体和人都放回工作场景中。我们必须记住企业身份识别的根本含义。我们要做的是帮助企业被人记住。

如果愿意，我们可以带着对文字的敬意去使用它们。我们能意识到文字和它们所产生的影响，当然我们也可以避免对文字不诚实。例如，裁员虽然丑陋残忍，但至少它牢牢抓住了诚实的概念。精简规模则是裁员还带上了点若有似无的道德审判的味道。

文字会出卖我们的个性。我们根据感知、品位或态度做出主观判断，这些也决定了我们的写作方式。"今天风挺大"或"好风妙拂入我心"——我们的个性决定了我们思考、说话和写作的方式。

例如，当你描述自己时，你喜欢用名词、形容词还是动词？迈克尔·沃尔夫（Michael Wolff）总是试图让公司多用动词来描述自己。比起"我们专注质量"，他会让他们说"我们什么都检查"。这意味着往前又多走了一点点。

他还给了我另一个奇妙的例子：关于两个厂家生产的不同的复印机。当你早上打开它们时，一台显示"准备"，另一台显示"开始"。 这些词的选择纯粹是偶然的，还是通过一个顺从型的形容词和一个积极型的动词来反映不同的品牌个性?

我们手握这些语言的组成部分,并且使用名词、动词和形容词造句。

名词就像公共汽车——人们不需要同时出现三辆。第一个名词的含义太多,你没能全然理解;一半的注意力被第二个名词抢走了;第三个名词就挤在后面,等着被人看到,它还拼命想变成第一。

业务改进能力

网络分配管理

动词保持简短比较好。这与它们表现出的那种行动意愿相匹配。

有些人试图不再以形容词作为商务写作的质量控制标杆。在我看来,这堪称关乎想象力和信任的一次毁灭性灾难。相信自己能选对形容词吧。

我们也不应该忘记副词,因为它们自有其乐。我会尤其留意运动领域内的双重副词用法,例如,好到无与伦比,或者是形容词作副词的用法,例如,他的保龄球打得很好或那个男孩做得很好。

还有一个目的性更强的言语技巧是多词共用，这样可以聚集每个词的含义，从中建立共鸣。

丘吉尔说：

我能尽心奉献的别无他物，只有热血、辛劳、眼泪和汗水。

或者，我们可以用商业里的要点式风格来说这句话。

我奉上：
- 热血
- 辛劳
- 眼泪
- 汗水

这句话在翻译中会不会有什么信息损失？伟大的发言，尤其是关于一个国家身份的情感核心的语言，如法国的"自由、平等、博爱"，几乎都被要求在说和写的时候做到气势磅礴。

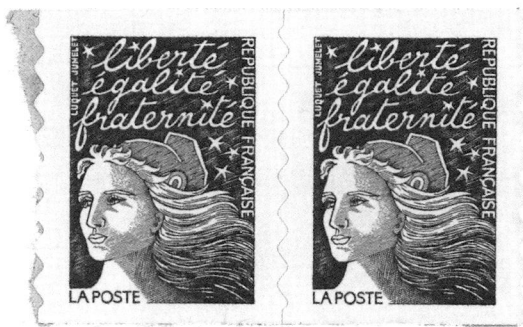

政客们通常只会使用 3 个词的组合表达。这种方法可以追溯到圣保罗（St Paul），他在书信中指出了信仰、希望和慈善的三原则。史蒂夫·贝尔（Steve Bell）把它融进托尼·布莱尔[①]（Tony Blair）的发言，算是一种现代而有趣的变体。

史蒂夫·贝尔

---

① 曾于 1997—2007 年任英国首相。——编者注

如果……

> 毕竟我们现在**戴着墨镜**，目前我只知道一部分，但届时我将知道，正如我为人所知一样。现在**信仰、希望、现代性**这三者依然存在；但其中最伟大的是**现代性**。

这种方法显然很有用。企业会用这种风格拟定口号，遥相呼应，比如玛莎百货的"质量、服务、价值"。这些词单独看都是相当空洞的套话，3个一起组合使用后才会让它变得有记忆点。

尽管简洁在写作中是一种美德，但你可以把它带——好远。

一座太远的桥。叹息之桥。体量大小是一种美德，而美德本就是一种嘉奖。一个词引出另一个词，但是不要觉得必须强迫自己记下每一个标志，每一个可能进入死胡同的转弯。人们认为重复是一种恶习，然而它也可以是一种有用的文体手段。

语境才是一切。"正如你所料……"这样一个简单的短语，看上去没什么用。但把它放在《太阳报》编辑凯尔文·麦肯锡（Kelvin Mackenzie）写信解雇该报占星师的背景下，"正如你所料……"就变得相当有趣了（当然，收信人大概不这么想）。

在英语中，模棱两可也从来不会远离过单词的表面含义。我们有如此丰富的语言，词语能够有许多层次的含义。我们应该在合适的情况下利用这种优势，并且避免制造出对我们不利的混乱局面。

歧义可能造成危险。当德里克·本特利（Derek Bentley）大喊"克里斯，把枪给他/让他吃点苦头"（Let him have it, Chris）时，他付出了生命的代价，因为克里斯托弗·克雷格（Christopher Craig）没有交出枪，而是向警察开了枪。

"故意不有话直说"在英语世界里有着更加漫长的历史。有一个可爱的词叫litotes（缓叙法），意思是轻描淡写般叙述。它经常被用于描述最古老的英语诗歌。这里是指在英语演变成现代英语之前——即创作《贝奥武夫》等诗歌的盎格鲁-撒克逊时期。当贝奥武夫诗人说"它并不遥远"时，意思是它已经在半步之外。这里开始出现了一种传统——以不强调的口吻来强调某事。

这种表达方式的现代变体是用一个与真实含义相反的词，正话反说——于是，坏意味着好，恶也意味着好；半桶水的足球杂志（The half-decent football magazine）成为高质量的典范；平均白带（The Average White Band）乐队则是低端的代表；我们不再相信嘉士伯（Carlsberg）可能是世界上最好的拉格啤酒[①]。

为了证明这种风格里带着些英国特质，你不妨想想去南极探险的奥茨船长（Captain Oates）。我指的不仅仅是他那句著名的遗言"我正要出去，可能要一段时间"，还有他在南极洲写给他母亲的信：

气候非常宜人，稍稍有些凉。

我很欣赏这种轻描淡写的风格，但我不确定它的传播效果怎样。我怀疑它是真正的英国品牌的核心价值之一。讲美式英语的人不那么容易欣赏它，尽管我相信美国作家对讽刺这种

[①] 拉格，源自德文"储存"。拉格啤酒，顾名思义，就是一种桶底酵母发酵、再经过低温储存的啤酒。——编者注

手法有着强烈的爱好。

为了证明这一点，也为后续与"讲故事"相关更严肃的观点做铺垫，我想聊聊《欢乐酒店》中的一个例子。当时，山姆·马龙（Sam Malone）将他的一次棒球表演比作神风特攻队（Kamikaze）。伍迪（Woody），这个有些天真到愚蠢的酒保，接了这样一句话：

嘿，我一直想见见那些家伙，听他们说说那些事儿。

4

充分利用你的自由

把所有语言成分放在一起——那些个名词、动词、形容词、副词、介词——就有了几乎无限的可能性供你选择。最重要的是，你可以把这些组合在一起讲故事。

亚里士多德认为，故事是戏剧的首要条件。讲故事是我们文化的基础，不仅是我们的书面文化，也是企业个性的一个隐藏方面。我对故事感兴趣，既是为了发掘这些能揭示公司个性的故事，也是为了让它们融入公司文化，成为其组成部分。

当你与一家全新的公司打交道时，情况会有些不一样。巴林顿·斯托克（Barrington Stoke）是一家为有阅读障碍的儿童服务的出版商。当听说两位创始人最初来自名为巴林顿（Barrington）和小斯托克（Little Stoke）的村庄时，我们就立刻定下了"巴林顿·斯托克"这个名字。它虽然听着更像是人名而不是地名，但它向我呈现了一个故事，这个故事会成为新公司即时可懂的历史，它解释着公司存在的原因，并在未来的日子里引导公司发展。下面就是公司资料中关于巴灵顿·斯托克的故事。

据说他会在黄昏时分到达，提着的灯笼照亮他的路，也传递着他已到来的信号。在村里的集会地点，他放下灯笼，用5块石头围成一个圈。村里的年轻人坐在石头圈内，而巴林顿·斯托克则在灯光的笼罩下站在前面。每块石头都代表一个故事的主题：冒险、神秘、寓言、发现和探索。

他把灯笼转向其中一块石头，这就是要讲的第一个故事的主题。例如，这是一个探索故事。在闪烁的灯光下，巴林顿·斯托克在讲故事，而孩子们则坐着，听得入神。他讲了一个，然后是另一个，再一个，直到他们累了，准备睡觉。但巴林顿·斯托克的想象力永远不会枯竭——他将继续在下一天、下一个村庄讲下一个故事。

人与人是相似的，在我看来，如果了解一家公司是通过读他们的故事、听他们谈论他们所做的事情和对他们而言重要的事情，我们可能会更喜欢他们。

当我们与人寿保险公司保诚（the Prudential）合作时，我们意识到，他们也许比其他任何英国公司所拥有的故事都要多，却根本没有把它们用上。不幸的是，由于这是个关于个

人失败的故事，这些故事仍然没有被启用。我现在提出这个想法，就像我当时提出这个想法一样，堪称是在提供公共服务。

我们想和保诚一起做的是出版一本故事书，甚至在互联网上推进，这样这个项目就可以不断发展，成为一种带治疗属性的资源。这些故事是出自许多普通人——一家人寿保险公司的普通客户——讲述的关于离世友人和亲戚的逸闻和长篇故事。我有一个真实的例子，我的一个朋友为他的孩子写了关于他父亲的回忆录。

其他先不谈，这些故事（这种类型的故事）会很有趣，引人注目，也令人感动。

当然，我们相当于提出了一个挑战，一个禁忌的话题。把自己和死亡联系在一起，对企业来说是在自绝生路吗？嘿，别自欺欺人了，人就是会死。这也是人寿保险公司之所以会存在的现实前提。

以下是杰夫·多布森（Geoff Dobson）为他的孩子汤姆和丹写的，关于他父亲的故事。

　　我写下这个故事是为了纪念 5 个月前去世的父亲。或许他的个性在 12 年前就开始逐渐被消磨掉了，那也是阿尔茨海默病的症状刚出现的时候。在那之前，他是一个彬彬有礼、注重隐私的人。这种疾病不知怎么造就了一些闪烁的火花，我只在童年时偶尔见过，但也有可能是我早已忘了。

　　最轻松的回忆是与朋友和爱人分享轶事，以缓解悲伤。随着父亲的疾病越来越严重，我们的悲伤也越来越多。在无尽到有些单调的折磨、压迫和父亲后来的攻击性行为中，我们需要找到零星幽默，才能获得一些力量。

　　妈妈去世大约一年后，爸爸弄丢了他的免费乘车证。我过去常常会想，他能做的比大多数人以为的还要多。也许我希望乐观能成为一种神奇的力量，来抵抗他不可避免的状态衰退。到 1986 年，我已经分不清这种衰退到底是不是这个病造成的主要问题。反应性抑郁，也就是他发现妈妈已经不在了而产生的绝望，也可能产生同样的效果。

　　总之，我让他去报刊亭拍照，这是申请公交卡的必要条件。爸爸得意扬扬地回来了，骄傲地抓着那张由 4 张照片组成的相片纸；他不记得为什么，但紧紧抓着不撒手。

　　当时丹才 10 岁。你见过一个孩子笑着哭吗？——不是刻意的，而是被完全的惊喜淹没后的反应，他的爷爷也跟着沉浸在这一刻纯粹的喜悦中。我还没走到他们那里就开始笑了。丹拿着照片。爷爷已经不认识丹，正高兴地抚摸着小狗"美丽"。我不得不把丹的手掰开。笑声拥有把所有人维系在一起的力量。照片从上往下按顺序排开。

　　第一张是一张蓝色窗帘的照片，清晰又可爱。如果窗帘再亮一些，可能就是大卫·霍克尼（David Hockney）的画了。这是一张静态照片。

　　第二张是爸爸的后脑勺，斜着向上延伸，肩膀映入视野。他正对着蓝色的窗帘。

第三张是爸爸吃惊的脸，靠得很近。他一定是被闪光吓到了，很快转过身来。头和肩膀仍然斜着，向上。眼睛睁得大大的，藏在他最旧的那副眼镜后面。他假牙间的缝隙清晰可见。他的脸因灯光而变得明亮。

第四张也是最后一张照片是坐姿。如果传递到爸爸大脑里的指令简单清晰，他还是可以快速反应的。然而，他需要再拍十几张照片才能意识到他的头需要调整一些角度，让他了解可调式旋转座椅的力学原理就更不可能。所以，我们的照片成了这样。爸爸的头靠着照片顶部。他的银发超出画面了，但人还是能被认出来。毫无疑问，那是爸爸，任何一个公共汽车售票员都能看出来。

随着丹精力消退，爸爸开始反应过来他给这个世界带来了快乐。他表演了自己的晚会魔术。他的上牙掉了下来，留下一个牙钉在那里。然后，他咽了咽，下牙在他的上唇下与上牙相接，又露出两个棕色的牙钉。他对生活感到很满意，带着"美丽"去街区散步。丹也去了。照片被放在桌上。要是我能知道它现在被放在哪就好了。

　　这本书的写作目的实际上是想赞美生活。人活一辈子，活着的时候，我们试图给周围的人留下印象。如果他们记得我们，并且会讲述我们的故事和我们在生活中做过的事情，就说明我们不虚此行。因此，我的想法是鼓励这种讲故事的方式，并将保诚和它联系起来。

　　这件事最终并没有做成；因为他们决定出版一本历史书来纪念这 150 年的商业历史。讲故事的概念不在标准的管理教科书里，所以要说服公司接受它其实并不容易。

　　我再给你们举一个例子，同样，实话实说，我不认为这是一次胜利。我们和一家叫作英雄摩托车（Hero Motors）的印度公司合作。我们认为英雄是一个伟大的名字，那么它是怎么来的呢？失望的是，他们在 40 年前买下这家公司和这个名字，现在没人知道它为什么叫英雄。

　　所以我们认为这个名字需要一个故事来注解。故事是这样的。

🖋 阿周那的故事

在《摩诃婆罗多》（*Mahabarata*）中，我们读到了般度族（the Pandava）的故事——成为英雄的五兄弟。作为年轻人，他们学习了所有王子应该知道的东西，但是，当然了，他们有各自不同的长处和短处。

一天，一个弓箭手正在教他们使用弓箭。他们走到一片旷野里，弓箭手让兄弟们逐个上前拿弓。

"看那棵树，"射手对第一个人说。"告诉我你看到了什么。"

第一个人说："我看见树了。还有它的树枝和树叶。一只鸟停在树枝上。"

"那就不要射箭，不要射箭。"

第二、第三和第四个人一个接一个地走上前来，拿起弓和箭，每个人都说："我看见树了。还有它的树枝和树叶。一只鸟停在树枝上。"弓箭手对答案并不满意。他不允许他们射箭。

"告诉我你看到了什么，阿周那。"

阿周那走上前去，拉开弓弦，顺着箭头望去，说道："我看到了一只鸟的头。"

"那就射吧，阿周那，把箭射出去。"

但出了点小问题，这个故事让公司管理层有些不安。在一家努力成为 21 世纪跨国公司的印度公司中，印度职员对似乎回归传统、民族根源的东西感到不舒服。在项目里，我们基于这个故事开发了公司的视觉形象，并在公司的新标志中突出了神射手阿周那。希望假以时日，这个故事最终会被用来书写公司的传奇。

人人都需要传奇，公司也一样。几年前，W. H. 史密斯公司开始策划"传奇客户服务"。问题是，它没有足够多的优秀客户服务故事来缔造传奇。你需要做的不仅是谈论传奇，你需要活出传奇。

据说世界上的本源故事屈指可数。经过为皇家邮政开展的教育工作，我们从加拿大文学评论家诺思洛普·弗莱（Northrop Frye）了解到关于神话和故事的观点。核心在于，神话是所有讲故事的基础，这些原型故事与自然循环相关并反映着自然循环。黎明、春天和出生的神话，打败了黑暗、冬天和死亡的力量，也展示着浪漫的原型。希腊神话里的珀尔塞福涅（Persephone）就是一个例子。

◈ 冬去春来

这个神话来自古希腊，讲述了丰收女神德墨忒尔（Demeter）的女儿珀尔塞福涅的故事。

曾经，人间一度还能看到众神的身影。当时最强大的 3 位神祇是兄弟。宙斯是天空的统治者。波塞冬是海洋之王。哈迪斯是冥界之主。

冥界是一个可怕的地方，那里没有光，逝者魂居于此。进入冥界，吃了那里的食物，就不能再回到人间。

大地上有一个美丽的女孩，她的名字叫珀尔塞福涅。一天，哈迪斯来到人间，骑着马经过正在田野里采花的珀尔塞福涅。她的美貌令他神魂颠倒。他想将她据为己有。

作为 3 个最强大的神之一，哈迪斯绑架了珀尔塞福涅并驾着他的战车离开。

珀尔塞福涅惊慌不已。她被哈迪斯按在战车里动弹不得，而他越行越快，越走越深，进入了至暗的冥界。在冥界的黑色大厅里，蜷缩着的珀尔塞福涅以泪洗面。她拒绝进食，也拒绝和把她掳走的神说话。

几天过去了。珀尔塞福涅越来越饿。最后，实在忍不住了的她吃下一些石榴籽，可吃了之后，她就再也不能回到人间。

与此同时，她的母亲，女神德墨忒尔，正心烦意乱。她知道发生了什么事，却无能为力。因为拿哈迪斯没有办法，她陷入无尽的怒火。

德墨忒尔找到众神之王宙斯，请他将珀尔塞福涅带回来。宙斯无法忍受德墨忒尔的哭泣；她一哭，庄稼就全坏了。他必须得做点什么。

不幸的是，宙斯没能阻止珀尔塞福涅吃下石榴，而冥界的规则必须遵守。不过，宙斯就是宙斯，规则可以适当放宽一点。他派众神的使者赫尔墨斯（Hermes）去和哈迪斯达成协议。协议是这样的：珀尔塞福涅将嫁给哈迪斯，成为冥界女王，在那里生活半年。春天，她可以回到人间，并且继续生活在温暖明亮的夏日阳光中。这就是一切的缘由了。当珀尔塞福涅生活在冥界时，日子变得短暂且寒冷。但随着她于春日返回人间，花儿盛放，树叶发芽，鸟儿在天空歌唱。

然后，以类似的方式，喜剧的原型是关于夏天的神话，与婚姻或胜利有关；悲剧的原型是关于秋天的神话，与日落和死亡有关；讽刺作品的原型是关于冬天的神话，与黑暗和解构有关。

说这些并不是要引发一场关于文学批评的辩论，我想传达的是，关于企业身份，还有一些有趣的想法值得探索。身份的展示与认知可能——经常——被误用为以光滑的表面纹理掩盖裂痕。但是，展示身份的真正的方式是深入公司内部，这也是讲故事的方式能成立的原因，故事可以"展现"。

正如心理学家荣格（Jung）所解释的那样，在我们集体和个人的无意识中，我们都携带着一个故事的概念，我相信一定也有可以让公司汲取故事的地方。这些汲取来的故事形成了公司的无意识，实际上就是公司身份的源泉。

这使公司对自己的认知有了深度和广度。在我看来，在像"只管去做"（Just Do It）这样的口号背后，有大量真实且未成形的故事——父母和孩子、运动员和教练、灾难中的胜利、达成一个极度渴望的目标后的纯粹喜悦、承诺的力量等。耐克公司已经找到了自己的故事之井且已经在从中汲水了，比如他们在足球节目中投放的一系列广告，都是基于真实人物的真实故事。这口故事之井的样子或许我们都尚未摸清，更不用说挖掘了。但是，也许具有强烈身份识别的公司总是能凭直觉做出行动。

在讨论品牌和识别问题时，最明确地使用了"故事"这个词的场合是英国学者马克·伦纳德（Mark Leonard）关于不列颠（Britain™）这个商标的演示短文。在那篇文章中，他提出了6个故事，这些故事实际上是英国新品牌的基本要素。他将这些故事描述为"枢纽英国"（Hub UK）、"英国的统一颜色"（United Colours of Britain）、"创意英伦岛"（Creative Island）、"悄无声息的革命者"（Silent Revolutionary）、"公平竞争的国度"（Nation of Fair Play）、"商业开放"（Open for Business）。

在水石书店的帮助下，我们拥有了比故事（数量有限）更多的东西。因为所有的文学作品和所有的故事都可以在水石书店出售的产品中找到——经典的、现代的、著名的、小众的、虚构的和非虚构的书——公司的身份识别借由书中的文字、故事等而浮现。

通过引用书中的话，我们便能够展示水石书店的企业身份识别的中心思想——书的庆典。我们把语录作为识别的核心元素，然后使用自由文案进行串联——其唯一的固定表达是"在水石"——来明确书籍和由它们开启的无限可能性之间的联系。正如我曾对水石书店给出的评价那般：

一家对太阳下的每个主题都有点想法的店。

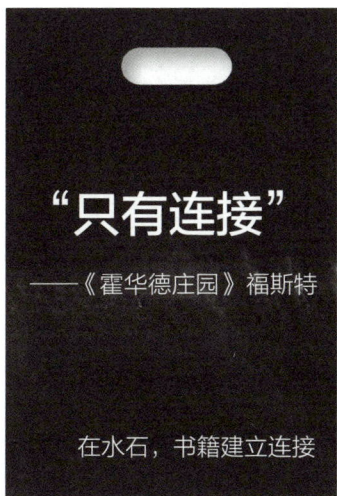

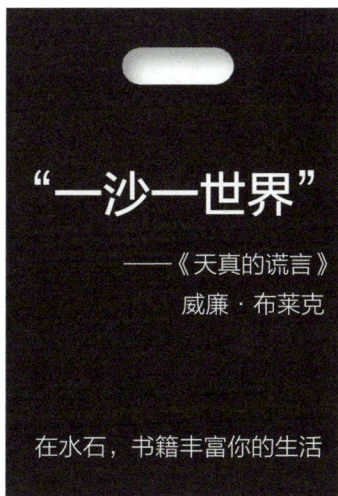

"只有连接"

——《霍华德庄园》福斯特

在水石，书籍建立连接

"一沙一世界"

——《天真的谎言》

威廉·布莱克

在水石，书籍丰富你的生活

窃取他人未曾
留心的零碎之
物的小偷

——《冬天的故事》
莎士比亚

在水石，书籍包罗万象

"读者，我嫁
给了他"

——夏洛蒂·勃朗特
《简·爱》

在水石，书籍伴您度过一生

"对同一个点来说，
离它最远的距离是
一个圆"

——汤姆·斯托帕德
《每个好孩子都该爱护》

在水石，书籍言之有理

"化为绿色的
遐想融入绿
荫"

——安德鲁·马维尔《花园》

在水石，书籍让你的思绪丰
富多彩

"我们一直在别人生活的小瞬间里悄悄错身而过"

——罗伯特·梅纳德·波西格《禅与摩托车维修艺术》

在水石，书籍捕捉每个瞬间

"当下的一切美妙无比"

——丹尼斯·波特《梅尔文·布莱格专访》

在水石，书籍把握当下

水石书店就很容易让人联想到高质量作品，其他公司给人的感受则相对复杂。20 世纪 80 年代中期，工业金融公司 3i 委托克里斯托弗·罗格（Christopher Logue）为他们写一首诗。

到山巅来。

我们会跌落。

到山巅来。

那里太高了。

到山巅来！

他们终于到达，

他推了一把，

他们飞了起来。

对一家致力于鼓励事业心的公司来说，这首诗再合适不过了。但是，直到十多年后我们重新发现并再次启用它时，它早已从 3i 的视线中消失了。为什么？答案显然与愿望和现实之间的差距有关——但这件事也揭示了一个贯穿商业生活的疑惑。"（商业世界里使用诗歌）是不是太务虚不务实了？"人们把诗歌（也许还有讲故事）与某些他们并不乐于与商业基本要素联系在一起的品质——想象力、激情、智力、趣味性——画上了等号。

但是，将这些品质从商业生活中剔除，就是明智的选择吗？我们难道不应该把它们作为展示"公司之间存在个体差异"的方式悉心培养吗？毕竟，有些公司是通过鼓励想象力的发展而成功的。在与一众公司合作的过程中我发现，越来越多的公司渴望成为不仅仅是专注于让数字攀升的企业。他们希望被视为敢于冒险、有创造力、有企业家精神——而不是过于拘泥于"只想挣钱谋生"。

苹果公司的首席执行官约翰·斯卡利（John Sculley）说：

新的公司合同是，如果你答应把自己与我们的梦想绑定，至少绑定一段时间，我们将为你提供一个表达自己和成长的机会。

通过图像和文字，我们得以展示自己的梦想。一个作家和他的文字有着特殊的关系——我们感觉自己像它们的生身父母，但我们也知道它们会走向世界，离开我们，而且大多数时候几乎都不会回头。通过文字和图像，我们不断尝试重现那无比生动的梦境，但梦境是永远不可能被固定下来的。

约翰·伯格（John Berger）说："视觉艺术是对无形事物的追逐。"同样，文学艺术是对不可言说事物的追逐。我们总是在想办法描绘那些无法用语言表达的东西。

它就在我们的脑海里，惊鸿一瞥，徒留哀思，就像一个梦，而我们从来也不曾成功找到一个完美的方式去表达那些想法。海明威提出了类似的观点，作为水石文学庆典的一部分，我们也引用了他的话。

最终，这一切都回到了身份识别的问题上。

丹尼斯·波特在《冷酷的拉扎勒斯》中写道：

我是一名作家，我让人口述我言。

作家把话放到他人嘴里，即使这些话本该由我们自己说。这让我想起一部美国情景喜剧，剧中的明星喜剧演员扮演的就是自己。编剧们决定用其中的一集介绍他的双胞胎兄弟，仍然由这个喜剧演员扮演。问题是该剧的主演大发雷霆，这一集也

"对一个真正的作家来说，每本书都应该成为他继续探索那些尚未到达的领域的一个新起点。"

——海明威

在水石，每本书都是一个新的开始

未能播出。为什么？因为他扮演的双胞胎兄弟抢走了所有的风头。

当我们表演的时候——这里，我认为写作也是一种表演行为——我们都希望因为自己的表现而受到称赞。但我们也都明白，"表演"这种行为已经将我们变成了一个与自己很相似，但有意思的是，又有些不同的人。

诀窍是学会享受表演。

让你的双胞胎兄弟去大放异彩吧。

那么，最后，我们的落点该归到哪里呢？简单来说，身份是一个异常复杂的主题，不能仅仅归结为简单的图形符号——无论这些外在标志作为内在存在的反映是多么的重要。最核心的始终是我们用来反映（公司或个人）内在个性的整体方式。

作为公司，我们有自己的故事。作为个体，我们也有自己的故事。从一个品牌的角度来看，故事不仅包括内容、信息、标题中的"它"，还包括风格、你讲故事的方式、语气。这些都有助于品牌的形成。作家的任务是以传达真理、意义和洞察的方式来讲好这些故事——而且还要吸引不同观众的注意，得到他们的喜爱。毕竟，被人知道且喜欢，总比只是被人略有耳闻要好。

第 5 章

尾声

正如我说过的，小说家的大部分写作都发生在潜意识中：第一个词被写在纸上之前，在潜意识深处，最后一个词就已经想好了。我们是记得那些故事的细节，而不是把它们编造出来。

———格雷厄姆·格林（Graham Greene）
《爱到尽头》（*The End of the Affair*）

我畅所欲言了吗?

我试着不去欺骗自己。这本书并不像他们所说的那样,是"火箭科学"。它试着解决的是与你我密切相关的问题,它关注的只是我们彼此沟通的方式。

我们靠文字实现这件事。

这是必然。当然,我们通过每一种感官进行交流,例如,有人认为香味具有转化为其他感觉的力量。我无意贬低任何感官疗法,也无意否定它们的影响,但对我们大多数人来说,大多数时候,我们是通过文字达成思考和交流。

这是本书的主题。如果到现在还没有发现这一点,那只能说你是真的没有集中注意力。

在整本书中,我随意引用了其他作家的话,还特意让这些作家做见证人。不是因为他们对我也许想试着提出的任何论点予以直接支持，而是因为他们为我想讨论的主题提供了有趣的见解。

以本章开头格雷厄姆·格林的引文为例。当我写到接近结尾时，有点像是一个田径运动员赛跑时听到了提醒铃声：这场特殊的比赛即将完成。这样想想，兴奋感油然而生。写到这里，我好奇你会如何理解"比赛"这个词？此外，我又是怀着怎样的想法写下它的呢？我是想说，借着跑步的比喻，"比赛"就是"比赛项目"的一个替换词吗？还是说它是指付出了更多努力？它是否非得是"努力了，但可以做得更好"的意思？

简而言之，你选择使用那些词句，究竟是想要表达什么呢？

事实是，我们对自己话语的控制力比我们想象的要弱。刚开始，你试着做一个无政府主义者，但最后却在抱怨其他人不遵守规则。这种情况似乎是生活轮回中不可避免的部分。正如我在书的开头所写的那样，文字有自己的生命——即使我们创造了它们，一旦它们出现在世界上，我们便再无控制它们的力量。我想起了彼时的总统里根的助手们为掩饰他的失态而开发的公式："总统口误了。"

人人都会说错话。这就是语言的问题，也是它们绝对的乐趣所在。如果我们诚实，言语不仅会泄露我们的真实想法，还会泄露我们内心最深处的感受。试图用语言作为盾牌抵御一切是没有意义的，因为它们会背叛你，它们会指出你脆弱的部分。它们是你的映像。正如汤姆·威茨（Tom Waits）的墓志铭所说："我告诉过你我病了。"

但你是谁？这话说起来容易，做起来难。

每个人都是不同的。荣耀就在于这种不同。无论你是作为个人，还是把自己看作公司或品牌的代表——荣耀源于不同。不要退缩，不要试图把自己包裹得像其他人。你可以通过语言给自己和你的公司创造一种明显的差别。

我已经谈了"我们、我、他们和它"。要理解，它——你的信息——不仅仅是一个事实的容器。它会随着视角不同而改变：公司（我们）、个人（我）、受众（他们）。信息从来都不是纯粹的事实。它会受到视角的影响。如果你愿意，可以把这件事跟在眼镜店的体验类比：验光的时候，你会戴上不同的镜片，直到可以看见清晰的图像，这就算视觉正常了。当你的视觉正常后——通过公司、个人和受众的观点——你就有了一个独特的、可持续使用的语气。

我最终从视野的角度来谈论语气。我职业生涯的大部分时间都是在基于文字和图像的融合开展工作，我相信，这两者终是不可分割的；它们相互支持。这就是为什么这本书，一本关于文字重要性的书，在很大程度上都依靠着视觉来表达观点。把视觉和语言放在一起，你就有了一个强大的组合，并可以以此建立品牌，而品牌就是要实现差异化，所以，我们需要结合使用视觉和语言这两种媒体来实现这个目标。

所有的事，归根结底是情绪。我很乐意为"让情绪实现商业目标中的价值"这件事做出积极贡献。最近，我为一本创意产业杂志写了一篇关于伦敦国际戏剧节（LIFT）的评论。在那篇评论中，我写到了从孩子般的惊奇到看到杰出表演时那种完全兴奋的情绪。这些是你在工作中也许不常遇到的情绪，但是，如果我们能够把这些更广范围内的感觉带入我们所谓的创造性工作中，工作效果显然会更好。客户当然希望得到这种远超预期的表现。

别忘了今天也要带着自己去上班。

优秀的写作能力是商业生活中最被忽视的技能。凭直觉大家都知道，我们需要写出很好的东西才能在工作中取得成功，但我们仍然把作家视为边缘性的专家。而我的论点是，作家是思想者。优秀的作家就是优秀的思想家。什么行业的核心不需要好的思维？如果你提高了贵公司的写作能力，或者至少是对语言的敏感度，你就会提高公司的业绩。

那么，这就不是一种"有的话也不错"的能力了。

我认为确实不是，但我是有偏见的。因为我总是通过写作来思考严肃的问题，但并不是每个人的处理方式都像我这样。我相信有这种倾向的人比我们普遍认为的要多，但我承认，对写作抱有热情不是一种商业技能，它并不像通过报名学习类似戴尔·卡耐基（Dale Carnegie）的课程一样，可以轻松实现。我很幸运，因为我热爱文字，并且能够利用这种热爱在提高我自己商业效益的同时，帮助许多公司和组织提高他们的商业绩效。

这挺不错。

是的，但这也是值得感激的事情。让我通过回忆两个轶事来结束这份感恩留言。我对工作生活的最早记忆之一是受到罗伯特·麦克斯韦（Robert Maxwell）的祝福。20世纪70年代初，我在他的一家公司工作，当时这家公司正被一家美国公司收购——这让麦克斯韦非常苦恼。他把所有员工召集到公司的演讲厅，做了一个激动人心又催人泪下的演讲，并以"祝福你们所有人！"作为结语。

但我不想以眼泪结束。我宁愿结束于一种更纯粹的快乐，这正是英国国家剧院《未解之谜》（The Mysteries）演出结束的方式。观看演出——尤其是和演员一起踩在剧院的地板上——你会感觉自己与演员和观众的关系越来越紧密。我成了"我们"和"他们"的一部分，事实上，每个人之间的界限在快乐中变得完全模糊起来。演出结束时，观众和演员合二为一，所有人在舞台上玩成一片。

我发现自己站在大卫·布莱德利（David Bradley）旁边，他是在《未解之谜》三部曲中的演员。我们面对面地站在一起，鼓掌。我拍了拍他的肩膀，而他也回应了，"不，要谢谢你。"

出于感激和礼貌，想说的话还有很多。感谢您的阅读。